数据要素×

开启数字经济促进共同富裕新阶段

李立中 王喜文 著

中国科学技术出版社
·北京·

图书在版编目（CIP）数据

数据要素 ×：开启数字经济促进共同富裕新阶段 / 李立中，王喜文著. — 北京：中国科学技术出版社，2024.7（2024.9 重印）

ISBN 978-7-5236-0646-9

Ⅰ．①数… Ⅱ．①李…②王… Ⅲ．①信息经济—关系—共同富裕—研究—中国 Ⅳ．① F492 ② F124.7

中国国家版本馆 CIP 数据核字（2024）第 072669 号

总 策 划	申永刚	责任校对	张晓莉
策划编辑	杜凡如　王秀艳	版式设计	蚂蚁设计
责任编辑	杜凡如	责任印制	李晓霖
封面设计	北京潜龙		

出　　版	中国科学技术出版社
发　　行	中国科学技术出版社有限公司
地　　址	北京市海淀区中关村南大街 16 号
邮　　编	100081
发行电话	010-62173865
传　　真	010-62173081
网　　址	http://www.cspbooks.com.cn
开　　本	880mm×1230mm　1/32
字　　数	174 千字
印　　张	8.75
版　　次	2024 年 7 月第 1 版
印　　次	2024 年 9 月第 3 次印刷
印　　刷	北京盛通印刷股份有限公司
书　　号	ISBN 978-7-5236-0646-9 / F・1239
定　　价	89.00 元

（凡购买本社图书，如有缺页、倒页、脱页者，本社销售中心负责调换）

推荐序

随着信息技术的飞速发展和数字经济的不断兴起，数据作为新的生产要素正逐渐成为经济社会发展的重要推动力量。数据的应用和挖掘不仅改变了传统产业的商业模式和运营方式，也推动着新兴产业的蓬勃发展与创新。在这个充满活力和机遇的时代，李立中院士和王喜文博士的《数据要素×：开启数字经济促进共同富裕新阶段》一书着眼于数据要素的乘数效应，深入探讨了数据要素在不同领域的应用，并展望了数据要素在未来经济社会发展中的重要作用。

数据要素的概念是随着信息社会的到来而逐渐被理解和定义的，它指的是从海量数据中提取、加工和应用有价值信息的过程。与传统的生产要素相比，数据要素具有明显的优势和特点：不会耗竭、边际效应递增、具有网络外部性等。数据要素的价值在于，它可以为企业提供更具价值的信息、为产业提供更高效的生产方式、为政府提供更精准的决策支持，推动经济社会发展实现倍增效果。因此，深入理解和运用数据要素的乘数效应，对于把握和迎接未来经济发展的机遇和挑战至关重要。

本书从理论到实践层面，探讨了数据要素的乘数效应在不同领域中的应用与影响。通过对大数据、人工智能、区块链、智能制造等领域的案例分析，我们可以清晰地看到数据要素的乘数效应如何推动产业升级和经济增长。例如，在智能制造领域，数据要素的应用可以实现生产过程的智能化和自动化，提高企业的生产效率和产品质量；在人工智能领域，数据要素的挖掘和分析可以为企业提供更精准的市场信息和消费者需求数据，促进企业创新并建立竞争优势。这些案例不仅展示了数据要素的巨大潜力，也为我们如何更好地应用数据要素来推动经济社会发展提供了启示。

数据要素在积极促进经济社会发展中，同时，也带来了一些挑战和问题。例如，数据的隐私保护、数据的公平共享、数据的质量和安全等问题正成为数据要素发展中的瓶颈和障碍。要克服这些问题，我们需要建立更完善的数据治理体系，加强数据安全保护，促进数据合作与共享，推动数据要素的良性发展。正如书中指出的那样，只有解决好这些问题，才能更好地发挥数据要素的乘数效应，促进经济社会可持续发展。

值得一提的是，本书还特别关注了我国在数据要素发展方面的实践和探索。随着《"数据要素 ×"三年行动计划》的实施，我国在大数据、人工智能、数字经济等领域取得了一系列创新成果和积极进展。这些实践不仅积极应对了我国经济社会发展中面临的挑战和问题，也为全球数据要素的发展提供了有益经验和启示。我们需要进一步加强国际合作，共同推动数据要素的发展和应用，实现共享发展的目标。

在这个充满希望和挑战的时代，数据要素的乘数效应将引领经济社会的变革与发展。正如书中所言，"数据要素将成为未来经济社会发展的关键驱动力量"，我们有理由相信，数据的力量将为未来的世界带来更加美好的机会与可能性。

希望本书能为广大读者提供一个深入了解数据要素的乘数效应的机会，提供一个启迪思考和引领未来经济社会发展的新视野和新方向。愿我们一同探索、共同创新，为实现经济社会繁荣和可持续发展而努力奋斗！愿数据要素的乘数效应成为我们携手共建未来的动力和希望！愿我们共同开启数据时代的新篇章！

李挥

北京大学教授

国家重大科技基础设施未来网络北大实验室主任

国际院士科创中心首席信息科学家

联合国世界数字技术院专家委员会委员

俄罗斯自然科学院外籍院士

前 言

数据在数字化时代变得越来越重要,被视为第四大生产要素,与劳动、资本和土地一样具有重要的经济价值。数字经济发展速度之快、辐射范围之广、影响程度之深前所未有,这正推动着生产方式、生活方式和治理方式的深刻变革,成为重组全球要素资源、重塑全球经济结构、改变全球竞争格局的关键力量。数字经济与数据要素,犹如驱动共同富裕的双轮。2024年开年之初,国家数据局会同其他部门共同印发两个重要文件——《数字经济促进共同富裕实施方案》和《"数据要素×"三年行动计划(2024—2026年)》,为我们解读数字经济新蓝图提供了重要线索。

《数字经济促进共同富裕实施方案》提出到2025年,数字经济促进共同富裕的政策举措不断完善,在促进解决区域、城乡、群体、基本公共服务差距上取得积极进展。主要体现在以下四个方面:一是推动区域数字协同发展,弥合区域"数字鸿沟";二是大力推进数字乡村建设,缩小城乡"数字鸿沟";三是强化数字素养提升和就业保障,推进全体人民共享数字时代发展红利;四是促进社会服务普惠供给，缩小基本公共服务差距。《"数据要素×"三年行动计划（2024—2026年）》明确了到2026年底的工作目标：数据要素应用场景广度和深度大幅拓展，在经济发展领域数据要素乘数效应得到显现，打造300个以上示范性强、显示度高、带动性广的典型应用场景，产品和服务质量效益实现明显提升，涌现出一批成效明显的数据要素应用示范地区，培育一批创新能力强、市场影响力大的数据商和第三方专业服务机构，数据产业年均增速超过20%，数据交易规模倍增，场内交易规模大幅提升，推动数据要素价值创造的新业态成为经济增长新动力，数据赋能经济提质增效作用更加凸显，成为高质量发展的重要驱动力量。在本计划的重点行动中提出了十二项"数据要素×"任务，包括工业制造、现代农业、商贸流通、交通运输、金融服务、科技创新、文化旅游、医疗健康、应急管理、气象服务、城市治理、绿色低碳，推动发挥数据要素乘数效应，释放数据要素价值。

将数据作为各行各业的生产要素，可以为各行各业提供决策依据，提升新质生产力，形成创新源泉和竞争优势，推动经济增长和社会发展。通过"数据要素×"，以数字化手段提升数据的利用价值，可以促进经济的创新和提质增效，推动产业升级和转型升级。数据技术的应用，可以提升生产力水平，改善产业结构，实现可持续经济发展。这将为共同富裕目标的实现提供坚实的基础。

发展不平衡、不充分是当前经济社会发展面临的重要问题，而数据要素的充分利用可以推动解决这一问题。数据的收集、整合和分析，有助于发现不平衡、不充分问题的症结所在，指导资源配置的优化和公平，推动区域间、产业间的平衡发展。与此同时，将数据作为生产要素，通过数字化手段实现数据的高效利用，还可以更好地推进全体人民共享数字时代发展红利。数据的充分利用可以为人民群众提供更多更好的公共服务，改善生产生活条件，增加全民收入、提升就业质量，促进社会公平。

目 录

1 第一篇
大势所趋——数据作为要素时代的到来

  第一章 从信息化到数字化 / 004

  第二章 从工业经济到数字经济 / 010

  第三章 从中国制造 2025 到数字中国 2035 / 017

2 第二篇
技术进步——数据作为要素成为可能

  第四章 人工智能：提升数据供给水平 / 029

  第五章 区块链：优化数据流通环境 / 040

  第六章 云计算：加强数据安全保障 / 050

3 第三篇
产业升级——数据要素提高新质生产力

  第七章 数据要素×工业制造 / 064

  第八章 数据要素×现代农业 / 074

  第九章 数据要素×商贸流通 / 085

  第十章 数据要素×交通运输 / 095

  第十一章 数据要素×金融服务 / 110

  第十二章 数据要素×科技创新 / 121

第十三章　数据要素×文化旅游 / 138

第十四章　数据要素×医疗健康 / 148

第十五章　数据要素×应急管理 / 162

第十六章　数据要素×气象服务 / 171

第十七章　数据要素×城市治理 / 181

第十八章　数据要素×绿色低碳 / 192

第四篇
发展所需——数据要素将赋能共同富裕

第十九章　数字协同 / 206

第二十章　数字乡村 / 222

第二十一章　数字社会 / 239

附录　"数据要素×"三年行动计划（2024—2026年）/ 251

第一篇
CHAPTER 1

大势所趋
——数据作为要素时代的到来

第一篇
大势所趋——数据作为要素时代的到来

数据资产是现代社会中最重要的信息资产之一，它可以帮助我们了解市场需求、消费趋势、人口变化等重要信息。通过充分利用数据，企业可以更准确地预测未来发展方向，提高决策的科学性和准确性。数据的收集、分析和应用可以帮助企业发现和利用市场机会，提高生产效率和创新能力。例如，通过对销售数据进行分析，企业可以了解消费者的购买偏好，进而优化产品设计和市场定位，提供更符合市场需求的产品和服务。

数据是数字经济的基础，数字经济以互联网和信息技术为基础，通过在线交易、电子商务、数字内容等方式推动经济发展。数据的广泛应用可以促进跨境贸易、产业升级和就业增长，促进经济社会的全面发展。同时，数据的收集和分析可以帮助政府和社会机构更好地了解社会问题和公众需求，从而更准确地制定政策和提供公共服务。例如，通过数据分析，政府可以更好地监测环境污染、交通拥堵等问题，并采取相应的措施来解决这些问题，提高社会治理的效率和公共服务的质量。

种种迹象显示，数据作为要素的时代正在到来，它可以帮助我们更好地了解和应对社会经济问题，提高生产效率和创新能力，推动数字经济发展，改善社会治理和公共服务，从而促进经济社会的全面发展。

第一章 从信息化到数字化

时代的变迁是历史的必然结果,在现代社会中,我们正在经历从信息化到数字化的巨大转变。

信息技术的普及对社会产生了巨大的影响。人们的思维方式、生活习惯和工作方式都发生了很大的改变。数字技术的出现,使得信息交流更加便捷和快速。而数字化技术对于智能家居、智能交通、智慧城市等领域的推动,也为生活和工作带来了极大的便利。与此同时,数字化技术还在一定程度上改变了社会结构和人们的行为模式。社交平台的普及,为人们之间的沟通和交流提供了新的方式。传统行业需要加快转型升级,适应数字化时代的发展。市场需求的变化也在推动时代的转变。随着人们生活水平的提高和消费习惯的改变,人们对于数字化产品和服务的需求也在不断变化。伴随数字化时代的到来,各行各业都在加大对数字化技术的投入和创新,以满足市场需求。

第一节
信息化对经济社会发展起到了加法作用

信息化是指利用信息技术改变各个领域的运作方式,实现信息的快速传递和应用。而数字化则是在信息化的基础上，通过数字技术和互联网等工具，将现实世界数字化，实现数字和物理世界的深度融合。科技的飞速发展推动了时代的变迁。随着计算机技术、互联网和人工智能等技术的不断突破和创新，信息传递的速度和范围都得到了巨大的提升。

信息化在提高效率、降低成本、提升管理水平等方面发挥了很大的作用（图1-1）。信息化技术的广泛应用，不仅使得各个领域的管理更加精细化、科学化，而且对经济社会发展产生了积极的影响。因此，信息化技术是推动社会经济发展的重要力量。

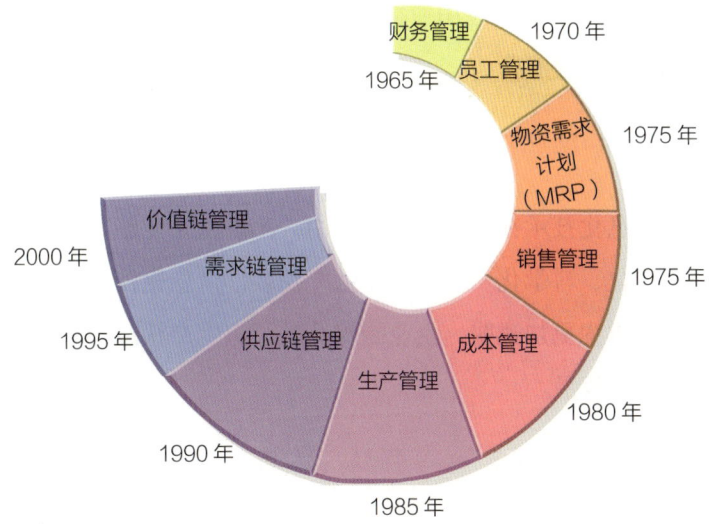

图1-1 信息化的发展带动企业的提质增效

提高工作效率

信息化技术使得信息获取、处理、传递变得更加迅速，从而提高工作效率。例如，在办公领域，电子邮件、即时通信等工具取代了传统的纸质文件传递方式，缩短了办公时间。在生产领域，自动化生产、机器人等技术的应用，使得生产过程更加高效，降低了生产成本。

降低成本

信息化技术在各个领域的广泛应用，使得企业能够降低人力、物力、财力等方面的投入。例如，在企业内部管理中，信息化技术的应用使得企业能够实现资源的优化配置，避免了资源的浪费。

提升管理水平

信息化技术在各个领域的应用，使得企业能够实现管理的精细化、科学化。例如，在生产领域，信息化技术使得生产管理过程更加透明，企业能够及时了解生产状态，从而提高了管理效果。

促进产业结构升级

信息化技术的广泛应用，使得企业能够实现产业结构的升级，从而提高企业的竞争力。例如，在传统制造业中，信息化技术的应用使得企业能够实现生产过程的自动化、智能化，从而降低生产成本，提高产品质量。

推动经济社会发展

信息化技术的广泛应用，对经济社会发展产生了积极的影响。例如，在政府管理部门，信息化技术的应用使得政府能够更好地服务于社会，提高了政府的管理效率。在教育领域，信息化技术的应用使得教育资源更加丰富，教育质量得到提高。

信息化几十年的发展，为数字化的发展奠定了坚实基础。

第二节
数字化将对经济社会发展起到倍增效应

数字化是指将各种信息转变为数字形式，以便于存储、处理和传输的技术。随着信息技术的不断发展，数字化在未来几十年内将在开创新模式、形成新动能、培育新经济等方面发挥很大的作用（图1-2）。具体表现在以下三个方面。

开创新模式

数字化技术的应用将推动各个领域的商业模式不断创新，形成新的业务模式。数字化技术的应用将使得各个领域

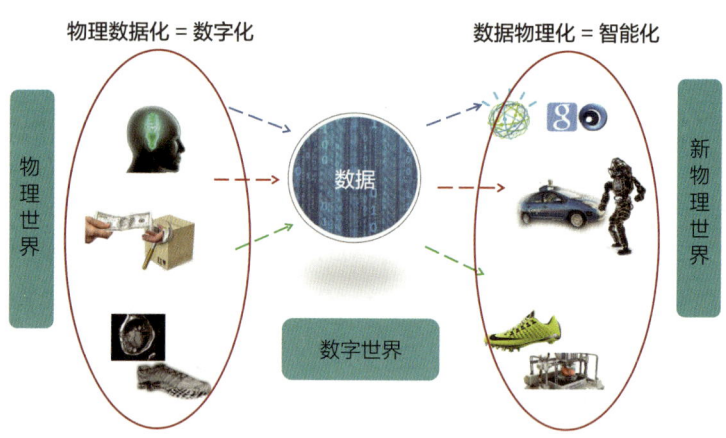

图 1-2 数字化的发展带来新模式、新动能和新经济

的管理、生产、服务等过程更加便捷，降低成本。例如，在企业内部管理中，数字化技术的应用将使得企业能够实现对资源的快速定位和调度，降低管理成本。例如，共享经济、平台经济等新型商业模式的出现，为经济社会发展带来了新的机遇和挑战。数字化技术为这些新型商业模式提供了技术支持，使得这些模式得以快速推广和发展。

形成新动能

数字化技术的应用将推动各个领域的生产方式不断升级，形成新的发展动能。例如，在企业内部管理中，数字化技术的应用将使得企业能够实现资源的全面管理，提高管理效率。在制造业领域，数字化技术的应用将使得生产过程更加自动化、智能化，提高生产效率和质量。在服务业领域，数字化技术的应用将使得服务过程更加个性化、便捷化，提高服务质量和客户满意度。

培育新经济

数字化技术的应用将推动各个领域的经济结构不断升级，形成新的经济形态。例如，数字经济、智能经济等新型经济形态的出现，为经济社会发展带来了新的机遇和挑战。数字化技术为这些新型经济形态提供了技术支持，使得这些形态得以快速推广和发展。

综上所述，数字化将在开创新模式、形成新动能、培育新经济等方面发挥很大的作用。数字化技术的广泛应用，不仅使得各个领域的管理、生产、服务等过程更加高效和便捷，而且对经济社会发展产生了积极的影响。因此，数字化技术是推动社会经济发展的重要力量，未来的发展前景广阔。

第二章 从工业经济到数字经济

在工业经济时代，消费者需求主要集中于对物质产品的需求。随着生活水平的提高，消费者对物质产品的需求逐渐减弱，对服务、体验等方面的需求不断增强。互联网、大数据、人工智能等新一代信息技术的出现和发展，为世界经济发展带来了新的可能性。这些技术具有高度的渗透性和颠覆性，对传统产业进行了改造提升，同时也催生了许多新兴产业。新技术的广泛应用，使得信息资源变得更加丰富，推动了经济向数字化方向发展。数字经济以其丰富的产品，满足了消费者多样化的需求，使得数字经济在全球范围内得到了迅速发展。

第一节
过去三百年工业经济引领全球经济的发展

工业经济在过去三百年中引领了全球经济的发展，主要是因为工业革命的出现推动了生产力的提高、工业生产的规模效应、国际贸易的兴起、工业化进程的加速以及科技和创新的发展。这些因素共同促进了工业经济的快速发展，为全球经济提供了更多的发展机遇和动力。

生产力的提升

自从第一次工业革命兴起，工业经济推动了生产力的极大提高。机械化和自动化技术的应用，使得工业生产效率大大提高，生产成本降低，工业产品的价格也相应地下降，为工业产品在全球范围内的普及奠定了基础。

工业生产的规模效应

工业生产的规模效应使得企业可以通过规模化生产来降低成本，从而提高市场竞争力。工业经济的发展促进了生产力的提高，也为全球经济的增长提供了强大的动力。

国际贸易的兴起

工业经济的发展推动了国际贸易的兴起，使得各国之间的经济联系更加紧密。工业产品在全球范围内的流通，促进了全球经济的相互依存和相互促进。

工业化进程的加速

工业经济的发展加速了工业化进程，使得全球范围内的城市化进程加快。工业化进程的加速也带动了基础设施建设、交通运输、通信等方面的快速发展，为全球经济提供了更多的发展机遇。

科技和创新的发展

工业经济的发展离不开科技和创新的发展。每一次工业革命的出现都推动了科技创新和产业升级，为全球经济的发展提供了强大的动力（图 2-1）。科技创新和产业升级也推动了工业经济的持续发展，为全球经济提供了更多的可能。

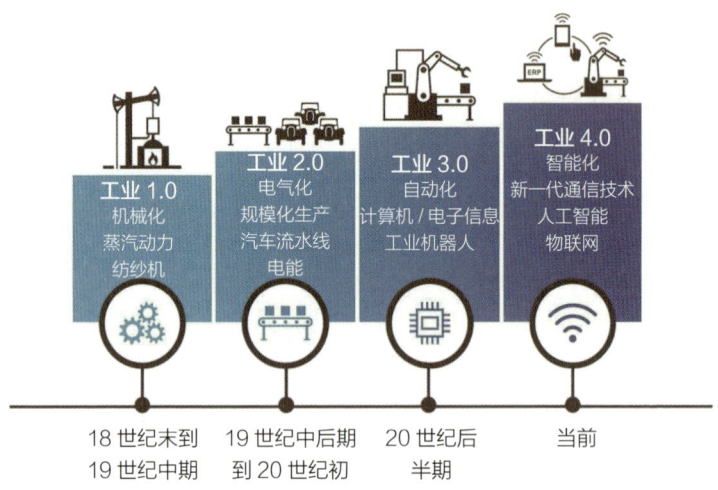

图 2-1　每一次工业革命的出现都推动了科技创新和产业升级

第二节
全球各国纷纷布局数字经济

随着数字化技术的发展和进步，当前全球经济已经进入了数字经济时代。数字经济是继农业经济、工业经济之后的主要新经济形态，是以数据资源为关键要素，以现代信息网络为主要载体，以信息通信技术融合应用、以全要素数字化转型为重要推动力，促进公平与效率更加统一的新经济形态。

在数字经济时代，企业面临着更加激烈的市场竞争。为了应对市场竞争，企业需要不断提高自身的创新能力和生产效率。新一代信息技术的应用，使得制造业生产过程的自动化和信息化水平进一步提高。智能制造、工业互联网等技术的出现，正逐步将传统制造业推向智能化。这一变革不仅提高了生产效率，降低了生产成本，还为产品创新和市场拓展创造了新的机会，未来的经济发展需要更加注重科技和创新的发展，推动数字化、智能化等新技术的应用和发展，以实现可持续和更加包容性的经济发展。

数字经济是一种新兴的经济发展形态，它依托于数字技术的不断创新，以信息、知识、创新为核心要素，以互联网、物联网、人工智能、大数据等技术为支撑，具有经济互联网化、智能化、共享化等特征。数字经济的发展能够加快生产要素的高效流动、推动优质资源共享、推进基本公共服务均等化，是推动实现共同富裕的重要力量。

数字经济能够加快生产要素的高效流动

在数字经济中，信息、知识、创新等生产要素得到了前所未有的重视和应用。数字技术的应用使得信息和知识的传播速度大大加快，促进了生产要素的快速流动。此外，数字技术还能够实现资源的共享和优化配置，进一步提高了生产要素的利用效率。这些都有利于提高生产效率和降低生产成本，为经济发展提供了强大的支持。

数字经济能够推动优质资源共享

数字技术的应用使得优质资源得以克服地域的限制，实现了资源的共享和优化配置。例如，在线教育、远程医疗等应用使优质的教育和医疗资源得到了普及和更加广泛的应用。此外，数字技术还能够实现资源的共享和协作，促进了资源共享的深度和广度，为经济发展提供了更加坚实的基础。

数字经济能够推进基本公共服务均等化

数字技术的应用使得提供基本公共服务更加高效和便捷，促进了基本公共服务的均等化。例如，数字技术的应用使得提供政务服务更加高效和便捷，进一步提高了政府的服务质量和效率。此外，数字技术还能够实现基本公共服务的共享和协作，促进了基本公共服务的均等化，为经济发展提供更加公平和公正的环境。

数字经济推动社会结构深刻变化

数字经济的发展使信息资源变得更加丰富，推动了社会结构的深刻变化。例如，传统产业逐渐被新兴产业所取代，就业结构、产业结构等方面都发生了重大变革。数字经济的发展，使得全球文化交融更加紧密。互联网数字技术的普及，让人们能够轻松接触到不同文化，促进了文化的相互交流和理解。

数字经济的快速发展，带动了各个行业的创新和变革，各国对数字经济纷纷寄予厚望，谋求以数字经济开创新模式、形成新动能、培育新经济。数字经济以其高效的资源配置能力和强大的创新能力，成为经济增长的重要引擎，也将为各国带来巨大的发展机遇，为全球经济增长方式带来根本性的变革。因此，各国政府和企业应积极推动产业转型升级，发展新兴产业，培育新的经济增长点。同时，要加强对传统产业的改造，提高其数字化、智能化水平。

国务院在 2021 年 12 月 12 日印发了《"十四五"数字经济发展规划》，希望在"十四五"期间实现数据要素市场体系初步建立、产业数字化转型迈上新台阶、数字产业化水平显著提升、数字化公共服务更加普惠均等、数字经济治理体系更加完善这五大目标（图 2-2）。展望 2035 年，我国数字经济将迈向繁荣成熟期，力争形成统一公平、竞争有序、成熟完备的数字经济现代市场体系，数字经济发展基础、产业体系发展水平位居世界前列。

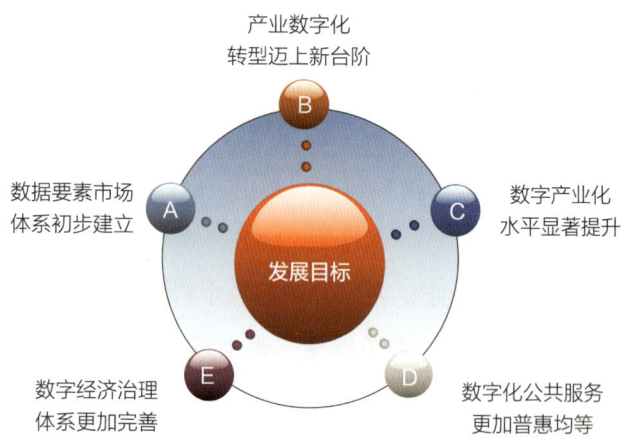

图 2-2 《"十四五"数字经济发展规划》的五大目标

第三章 从中国制造 2025 到数字中国 2035

近年来，随着数字技术的迅猛发展，全球经济正经历一场从传统经济向数字化、网络化、智能化转型的深刻变革。在这样的背景下，国家高度重视工业制造业经济，并在 2015 年印发了《中国制造 2025》。这是中国实施制造强国战略第一个十年的行动纲领，提出以加快新一代信息技术与制造业的深度融合为主线，提升中国制造业的竞争力和创新能力，加快实现制造强国的战略目标。同时，随着数字技术的不断深入和普及，国家在 2023 年又正式推出了《数字中国建设整体布局规划》，旨在引导数字化、数字经济的快速发展，推动数字经济和实体经济深度融合，实现经济高质量发展。

第一节
制造强国战略

《中国制造 2025》旨在促进中国制造业迈向高端制造业，并实现制造强国的目标。这一文件为实体经济的发展指明了方向。

《中国制造 2025》中提出的战略任务和重点包括：提高

国家制造业创新能力、推进信息化与工业化深度融合、强化工业基础能力、加强质量品牌建设、全面推行绿色制造、大力推动重点领域突破发展、深入推进制造业结构调整、积极发展服务型制造和生产性服务业、提高制造业国际化发展水平等。它的制定和实施，将有助于提升中国制造业的整体水平和竞争力，推动制造业向高端、智能、绿色、服务化方向发展。

在《中国制造2025》的指导思想中，明确以加快新一代信息技术与制造业深度融合为主线。新一代信息技术与制造业深度融合可以提高生产效率、创新产品设计、提升供应链管理、培养创新环境、实现个性化生产、提升企业形象，从而提升中国制造业的竞争力和创新能力，实现制造强国的战略目标（图3-1）。

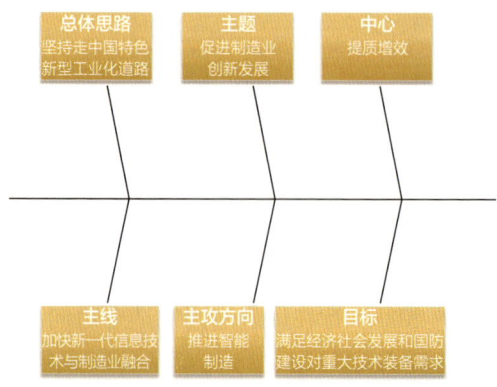

图3-1 以加快新一代信息技术与制造业深度融合为主线的《中国制造2025》

提高生产效率

新一代信息技术，如物联网、大数据、人工智能、云计算等，可以提供更高效、更精准的生产管理方式，降低生产成本，提高生产效率。这些技术可以实时收集、分析生产数据，帮助企业优化生产流程，减少浪费，进而提升整体竞争力。

创新产品设计

人工智能和大数据分析可以帮助企业更准确地理解消费者需求，进而创新产品设计。通过这种方式，产品可以更好地满足消费者需求，提升产品附加值，进一步增强企业竞争力。

提升供应链管理

新一代信息技术可以帮助企业实现更高效、更精准的供应链管理。例如，物联网和大数据可以帮助企业实时了解供应链状况，预测潜在问题，进而提前采取措施，降低风险。

培养创新环境

新一代信息技术的引入，可以培养企业的创新环境，激发员工的创新精神。建立创新平台，鼓励员工提出新的想法和解决方案，从而提高企业的整体创新能力。

实现个性化生产

随着消费者需求的多样化，制造业需要更加个性化和灵活的生产方式。新一代信息技术可以帮助企业实现这一目标，满足不同消费者的个性化需求。

提升企业形象

制造业采用新一代信息技术，可以展示企业技术的现代化和先进性，提升企业形象。这对于吸引和保留人才、开拓市场等都有积极影响。

实现制造强国的战略目标

加快新一代信息技术与制造业深度融合，有利于实现制造强国的战略目标。中国拥有庞大的制造业基础和不断发展的信息技术产业，两者结合将产生巨大的潜力。

总体而言，《中国制造 2025》是为了推动中国制造业的转型升级，从传统的劳动密集型制造业转向高端制造业，向自主创新驱动型经济方向转变。通过加强自主创新能力、提升技术水平和产品质量，引导制造业朝着高质量、高附加值的方向发展，推动制造业与服务业的融合。这不仅为中国实体经济的发展提供了方向，还为全球制造业的发展提供了新的机遇。

第二节
数字中国整体规划

随着数字技术的不断发展和普及,单纯依靠传统的工业制造业已经无法满足市场需求,也无法适应经济的发展。

《数字中国建设整体布局规划》是一项面向 2035 年的国家战略,将推动数字经济、数字社会、数字文明等方面的高效发展(图 3-2)。这是为了适应数字经济和数字化转型的快速发展趋势,提高生产效率、优化资源配置、促进经济社会发展,增强国家竞争力、综合国力和社会治理水平。同时,这也是为了保障数据安全和隐私保护,推动数字化技术的创新和发展,提高数字化人才的素质和能力。该规划的实施,可以更好地推进数字中国建设,实现高质量发展。

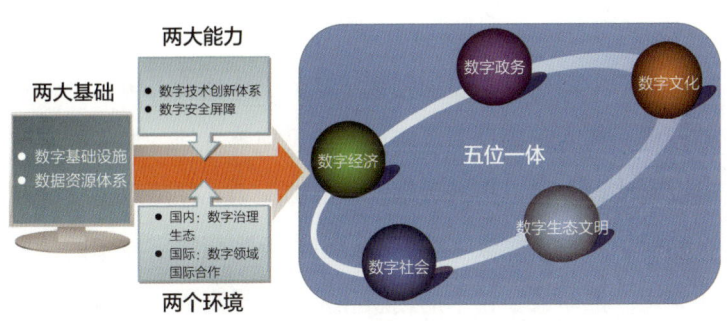

图 3-2 数字中国建设整体布局规划

推动数字化转型，提升经济社会发展效率

数字技术已经成为驱动经济社会发展的重要力量。数字经济、数字社会和数字文明的发展，不断推动数字化转型，加快数字基础设施、数字化服务、数字化治理等方面的建设，促进数据要素流动和利用，推动数字化转型向纵深发展。数字技术的应用和推广，可以提高生产效率、优化资源配置、促进经济社会发展，推动高质量发展。

提升国家竞争力，增强综合国力

数字化是未来国家竞争的重要领域之一。数字经济的发展将带来新的经济增长点，促进经济转型升级，推动经济高质量发展。同时，数字文明的发展也将带来新的社会治理模式，提高社会治理水平，增强综合国力。

促进数字基础设施建设，提高数字安全保障能力

数字中国建设需要加强数字基础设施建设，包括网络基础设施、算力基础设施、应用基础设施等方面。加强数字基础设施建设，可以提高数字安全保障能力，保障数据安全和隐私保护。同时，数字中国建设也需要加强数字技术的研发和应用，推动数字技术的创新和发展，提高数字技术的自主可控能力。

加强数字化人才培养，推动数字化转型持续发展

数字化转型需要高素质的人才支撑。数字化人才的培养需要加强教育和培训，提高数字化人才的数量和质量。加强数字化人才培养，可以推动数字化转型持续发展，为数字中国建设提供人才保障。

综上所述，国家高度重视工业制造业经济，将有助于提升中国制造业的竞争力和创新能力，推动数字经济和实体经济深度融合，实现经济高质量发展。

第二篇
CHAPTER 2

技术进步
——数据作为要素成为可能

第二篇
技术进步——数据作为要素成为可能

人工智能、区块链和云计算技术的发展,极大地扩展了数据的使用范围和价值,使得数据不再是孤立的数字,而是驱动经济增长、促进创新和改善社会服务质量的关键要素。因此,数据被称为新的生产要素,而这些技术则是让数据成为生产要素的"朋友",因为它们提高了数据的可用性、可处理性和价值密度。

人工智能技术能够处理和分析大量数据,从而发现数据中的模式、趋势和关联性。人工智能算法可以实现决策过程自动化,提高效率和准确性。通过人工智能,企业和组织能够从数据中提取更有价值的洞察,这些洞察可以用于指导产品开发、市场策略、资源配置等,从而成为推动经济增长和创新的重要力量。

区块链技术提供了一种安全、透明、不可篡改的数据记录和共享方式。它去中心化的特性能够降低数据存储和传输的成本,同时提高数据的可信度和安全性。区块链技术在金融、供应链管理、版权保护等领域中的应用,使得数据能够在不同主体之间更加高效和可靠地流转,从而成为促进交易和合作的重要基础。

云计算技术提供了弹性的计算资源和存储服务,使得数据处理和分析的能力可以根据需求动态调整。这种灵活性降低了企业或组织在信息技术基础设施上的投入成本,提高了数据处理的效率。云计算还促进了数据的集中管理和共享，使得数据能够跨部门、跨地域甚至跨国界地流动，为全球化业务提供了支持。

第四章 人工智能：提升数据供给水平

在大数据时代，人工智能技术在各行各业的应用过程中发挥了重要作用。通过对海量数据的挖掘、分析、预测和决策支持，人工智能技术为各行业提供了智能化解决方案，推动了业务创新和变革，提高了企业和组织的竞争力。随着人工智能技术的不断发展和成熟，它未来将在更多领域发挥更大的作用。

第一节 人工智能的发展与演变

人工智能（Artificial Intelligence，AI）是一门涉及计算机科学、数学、统计学、机器学习、神经科学等多个领域的交叉学科，旨在使计算机具有智能，能够像人类一样完成学习、推理、感知、创造等任务。人工智能的历史可以追溯到1956年，约翰·麦卡锡在达特茅斯会议上首次提出了"人工智能"这个术语。

人工智能的历史是不断发展和演变的。从早期的规则表示方法，到后来的机器学习算法，再到现在的深度学习方法，人工智能系统的能力不断增强，应用范围不断扩大。未来，人工智能的发展将继续朝着更加智能化、自动化的方向发展,从而实现更加广泛的应用和更高的智能水平(图4-1)。

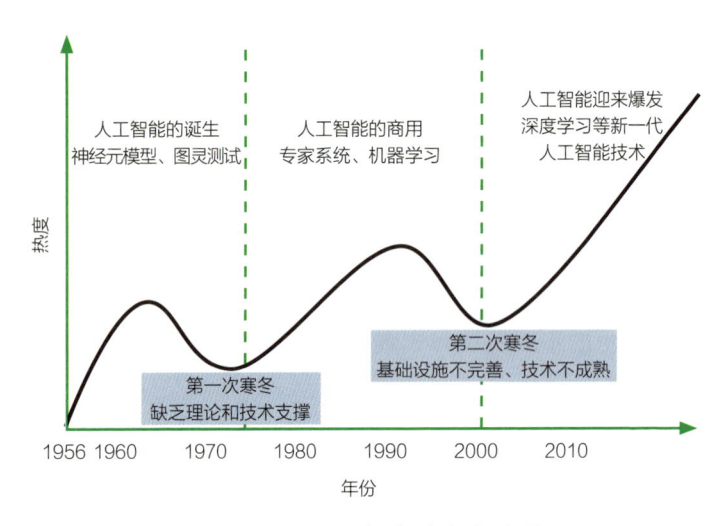

图4-1 人工智能的潮起潮落

人工智能的早期发展主要集中在基于规则的编程和知识表示方法上,例如20世纪60年代的符号主义(Symbolism)和70年代的框架理论(Frame Theory)。这些方法试图通过模拟人类思考的方式来构建人工智能系统,但是由于其局限性,例如无法处理不确定性和模糊性,这些方法并没有取得很大的成功,致使20世纪70年代人工智能发展遭遇了第一波寒冬。

随着20世纪80年代中后期机器学习算法的出现,人工智能开始朝着新的方向发展。早期的机器学习算法主要基于统计学和模式理论，例如决策树和神经网络。这些算法试图通过从数据中学习来构建人工智能系统，从而规避了规则表示方法的局限性，让人工智能第二次崛起。但是，好景不长，由于技术不成熟、基础设施不完善，在 2000 年左右人工智能发展遭遇了第二波寒冬。

21 世纪以来，深度学习的出现和发展，使得人工智能取得了重大突破。深度学习是一种模拟人类大脑神经网络的机器学习方法，能够从原始数据中自动学习复杂的特征和规律，从而实现图像识别、语音识别、自然语言处理等任务。深度学习在图像识别、语音识别、自然语言处理、游戏等领域取得了重大突破，使得人工智能开始进入人们的日常生活。

此外，近年来人工智能的发展还涉及其他领域，例如自然语言处理、知识图谱、增强学习、生成对抗网络等。这些领域的发展使得人工智能系统的功能不断增强，应用范围不断扩大。

第二节
人工智能的未来趋势

人工智能的未来趋势将体现为更加智能的决策支持系统、更加个性化和智能化的服务、更加广泛的应用领域、更加智能的机器人和自动化系统、更加高效的机器学习算法，以及更加安全和可靠的人工智能系统等（图 4-2）。这些趋势将带来巨大的机遇，需要我们不断探索和创新，以应对未来发展的需要。

```
人工智能迈向新一代
1. 更加智能的决策支持系统
2. 更加个性化和智能化的服务
3. 更加广泛的应用领域
4. 更加智能的机器人和自动化系统
5. 更加高效的机器学习算法
6. 更加安全和可靠的人工智能系统
```

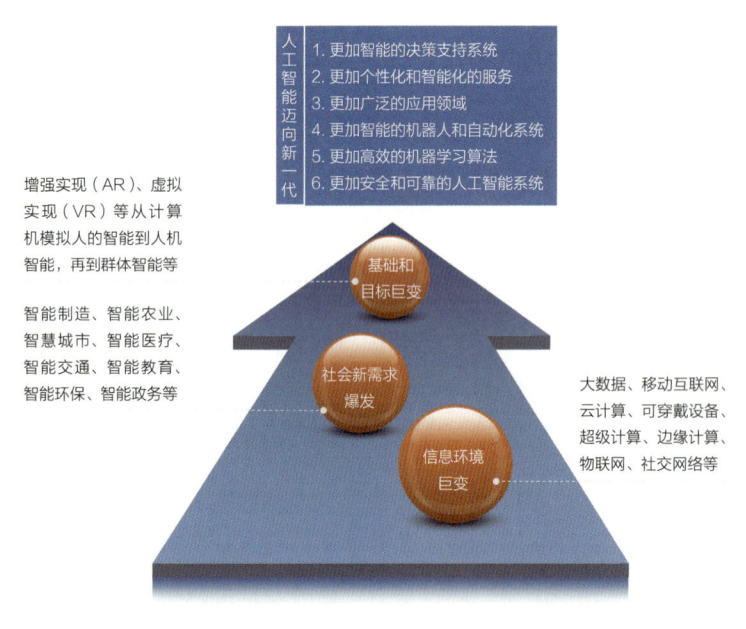

增强实现（AR）、虚拟实现（VR）等从计算机模拟人的智能到人机智能，再到群体智能等

智能制造、智能农业、智慧城市、智能医疗、智能交通、智能教育、智能环保、智能政务等

基础和目标巨变

社会新需求爆发

信息环境巨变

大数据、移动互联网、云计算、可穿戴设备、超级计算、边缘计算、物联网、社交网络等

图 4-2 人工智能的未来趋势

更加智能的决策支持系统

随着人工智能技术的普及，越来越多的企业和组织开始应用人工智能技术，以提高生产效率、优化资源配置、提高决策的准确性和效率。未来，人工智能技术将能够更好地理解和预测人类需求和行为，从而提供更加智能的决策支持。

更加个性化和智能化的服务

越来越多的企业和组织开始应用人工智能技术，为消费者提供更加个性化和智能化的服务。例如，利用人工智能技术，推测消费者的兴趣和需求，并向其推荐相关的产品和服务，提供更加个性化的体验。

更加广泛的应用领域

人工智能技术的应用领域将越来越广泛，包括医疗、金融、交通、教育、农业和能源等领域。未来，人工智能技术将在这些领域中发挥更加重要的作用，如提高生产效率、优化资源配置、提高服务质量等。

更加智能的机器人和自动化系统

随着人工智能技术的发展，未来的机器人和自动化系统将更加智能，能够更好地适应复杂的环境和任务，从而降低生产成本、提高生产效率。

更加高效的机器学习算法

随着数据量的不断增加和算法的不断优化，未来的机器学习算法将更加高效，能够更快地学习、更准确地识别和理解数据中的规律和特征。

更加安全和可靠的人工智能系统

随着人工智能技术的广泛应用，安全和可靠性问题也日益突出。未来，人工智能系统将更加注重安全和可靠性，采用更加先进的技术和方法来保证系统的安全和可靠性。

第三节
人工智能 + 数据要素

在大数据时代，人工智能技术在各行各业的应用过程中发挥了至关重要的作用。人工智能作为一种基于数据驱动的智能技术，通过对大量数据的分析和处理，实现对事物的智能化识别、分析和预测，从而为各行各业提供智能化决策支持和业务创新（图4-3）。

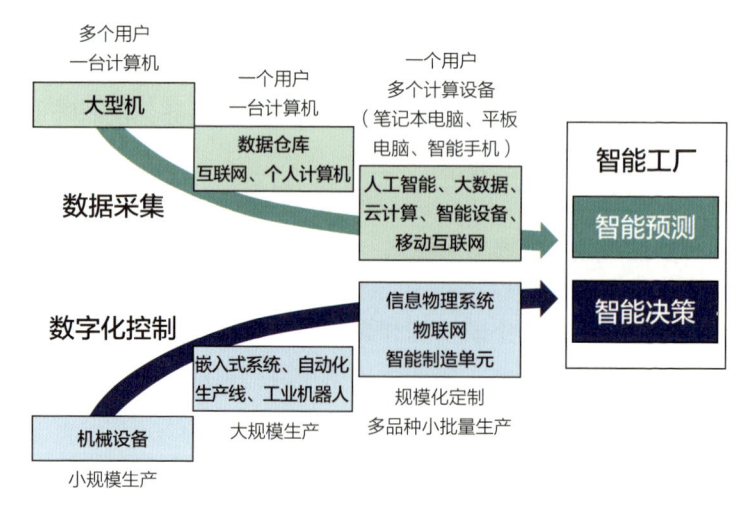

图4-3 人工智能+数据要素

数据挖掘与分析

人工智能技术在数据要素应用中的首要作用就是数据挖掘与分析。通过对海量数据的挖掘和分析，人工智能可以发现数据中的规律、趋势和关联，为企业提供有价值的信息。例如，在金融行业，人工智能可以对客户的消费行为、信用记录等进行分析，实现精准营销和风险控制；在电商行业，人工智能可以对用户的浏览记录、购买行为等进行分析，优化推荐系统和广告投放策略。

智能识别与验证

人工智能技术具有强大的图像、语音、文本等数据识别能力，可应用于各行业的智能识别与验证场景。例如，在安防领域，人工智能可以利用人脸识别技术实现人员身份的自动识别和追踪；在医疗领域，人工智能可以利用医学影像分析技术辅助诊断和治疗；在农业领域，人工智能可以利用图像识别技术实现作物病虫害的智能监测和防治。

自然语言处理

自然语言处理（NLP）是人工智能技术的一个重要分支，应用于大数据处理中的文本分析、情感分析、机器翻译等场景。例如，在舆情监测领域，人工智能可以对海量新闻、论坛、微博等文本数据进行情感分析和主题识别，帮助企业及时了解公众对产品的看法和态度；在智能客服领域，人工智能可以利用自然语言处理技术实现对用户问题的理解和回答。

机器学习与预测

机器学习是人工智能的核心技术之一，通过对大量数据的处理和分析，实现从数据中学习并发现规律和模式。在数据要素应用中，机器学习技术可以应用于预测分析、风险评估、趋势预测等场景。例如，在金融行业，机器学习可以对股票价格、市场趋势等进行预测，为投资者提供决策依据；在能源领域，机器学习可以对电力供需进行预测，实现智能调度和优化。

智能决策支持

人工智能技术可以为企业提供智能化决策支持，帮助企业从海量数据中挖掘有价值的信息，提高决策效率和准确性。例如，在供应链管理领域，人工智能技术可以对销售数据、库存数据等进行分析，实现智能补货和优化库存；在人力资源领域，人工智能技术可以对员工绩效、离职率等数据进行分析，为企业提供人才招聘和培养策略。

业务创新与变革

人工智能技术的应用可以推动各行业的业务创新和变

革。例如，在金融行业，人工智能可以推动金融服务的智能化、个性化和便捷化，提高客户体验；在医疗领域，人工智能可以推动医疗诊断、治疗和管理的智能化，提高医疗质量和效率；在教育领域，人工智能可以推动个性化教学和智能辅助教育，提高教学质量。

第四节
人工智能提升数据要素质量

用好人工智能技术，打造高质量人工智能大模型训练数据集，能够显著提升数据要素供给水平。提高数据质量、扩大数据规模、丰富数据多样性、提升数据效率以及保护数据隐私和安全，可以为人工智能应用提供更好的数据支持，推动人工智能技术的发展和应用。

提高数据质量

人工智能技术可以通过算法和模型对原始数据进行分析和清洗，筛选出高质量的数据用于训练大模型。例如，可以通过自动化的方式去除重复、错误或无效的数据，提高数据的准确性和可信度。同时，人工智能技术还可以自动标注、分类和标记数据，减少人工处理的工作量，并提高数据的一致性和标准化。

扩大数据规模

大模型的训练需要大量的数据支持,而人工智能技术可以帮助快速收集、整理和处理大规模的数据。使用人工智能技术,可以在更广泛的范围内获取数据,并将其转化为可用的训练数据集。例如,可以与数据供应商协作,获得大量的数据,从而扩大数据规模,提高模型的覆盖范围和准确性。

丰富数据多样性

人工智能技术可以帮助丰富数据的多样性,包括不同类型、不同来源、不同语言等。综合利用各种数据源,可以为大模型训练提供更全面、更多样的数据。例如,可以结合文本、图像、音频等多种类型的数据,以及社交媒体评论、新闻报道等不同来源的数据,让模型具备更广泛的应用领域和更好的适应性。

提升数据效率

人工智能技术可以提升数据供给的效率,通过自动化和智能化的方式,减少数据处理的时间和工作量。例如,可以利用自动标注和自动化数据清洗技术,减少人工处理的步骤,提高数据处理效率。同时,人工智能技术还可以将数据分割、分析和组织,以便于更高效地利用数据进行模型训练和应用。

保护数据隐私和安全

人工智能技术可以在数据供给的过程中加强数据的隐私保护和安全性。通过加密、脱敏、匿名化等手段,保护数据的隐私性,并限制数据的访问权限。同时,人工智能技术还可以检测和预防数据泄露和攻击,确保数据的安全性和完整性。

第五章 区块链：优化数据流通环境

区块链技术作为一种分布式账本技术，具有去中心化、数据不可篡改、透明可追溯等特点，能够优化数据流通，增强数据利用的可信、可控、可计量能力，促进数据合规、高效流通使用。

第一节
区块链的发展与演变

区块链的发展与演变是一个不断发展和进步的过程，其历史可以追溯到比特币的诞生。以下是区块链的发展与演变的三个重要阶段（图5-1）。

起源与比特币（2008—2010年）

- 2008年，一个化名为"中本聪"的人发表了一篇关于比特币的白皮书，提出了一个基于区块链技术的数字货币系统。
- 2009年，比特币创世区块诞生，标志着区块链技术的初次应用。
- 2010年开始，人们开始创建自己的比特币客户端，并

区块链
加密货币（比特币, ETH, XEM……）
STO/ICO, Sharing, SCM……
PHR/HER, e-GOV, IoT, PDS……

区块链平台……
IAM, 分布式账本, 智能合约, 密码学
P2P 计算, 共识机制……

比特币
区块链

2008 年   2024 年

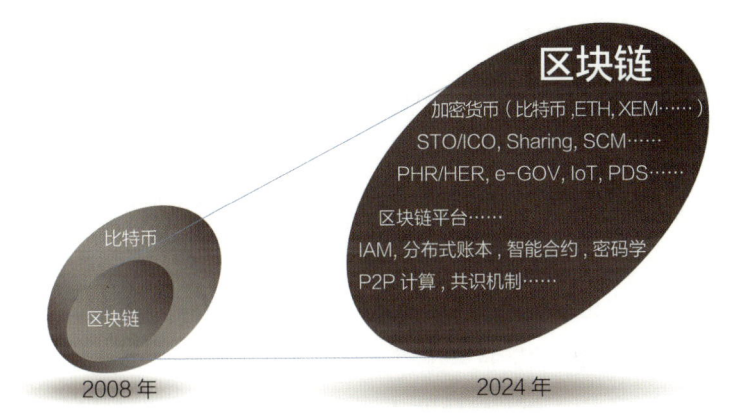

图 5-1　区块链的发展与演变

且开始在特定的社区中使用比特币。

区块链技术的发展与改进（2010—2013 年）

- 随着比特币的普及，人们开始探索区块链技术的应用范围，并开发了各种基于区块链技术的应用和项目。
- 区块链技术得到了进一步的改进和完善，包括提高交易速度、扩容、安全性等。
- 各种加密货币和数字资产开始涌现，如以太坊、瑞波币等。

去中心化应用的发展（2014 年至今）

- 随着区块链技术的成熟，去中心化应用开始蓬勃发展。
- 去中心化应用基于区块链技术，无须中心化的机构或

平台支持，能够自我运行和扩展。
- 去中心化应用于各种领域，包括金融、供应链、社交、游戏等。
- 智能合约和去中心化身份验证等技术的应用，进一步提高了区块链的安全性和可扩展性。

区块链技术的发展和演变是一个不断探索和创新的过程，目前的区块链技术主要具有以下几项特征。

- 去中心化：区块链技术采用去中心化的设计，能够避免中心化数据管理中可能出现的问题，如单点故障、中心化攻击等。同时，区块链技术能够实现数据的分布式存储和管理，提高数据的安全性和可靠性。
- 数据不可篡改：区块链技术采用加密算法和共识机制，能够保证数据一旦被记录到区块链上，就无法被篡改。这使区块链技术成为存储和管理重要数据的一种可靠方式，例如金融交易、医疗记录等。
- 透明可追溯：区块链技术能够记录数据的创建、修改、访问等操作，使得数据的使用和流通过程变得透明和可追溯。这有助于增强数据使用的可控性和可信度，例如数据共享、交换等场景。
- 数据隐私保护：区块链技术可以利用智能合约，实现数据的隐私保护和授权管理。例如，在医疗领域中，患者可以利用智能合约来控制自己的医疗数据的使用和流通，避免数据泄露和不当使用。

- 扩容性：区块链技术采用的是区块结构，每个区块包含了交易信息和其他数据。随着区块链技术的广泛应用，交易数量和规模不断扩大，扩容问题成为亟待解决的重要问题。一些技术如侧链、跨链技术等正在尝试解决扩容问题，以提高区块链的效率和可扩展性。
- 可编程性：区块链技术主要是一种"命令式"的技术，用户需要按照特定的规则进行操作。为了提高区块链的可编程性，一些技术如智能合约、去中心化预言机等正在不断发展和完善。
- 安全性：随着区块链技术的广泛应用，安全问题也日益突出。为了提高区块链的安全性，人们不断探索新的加密算法、去中心化架构、身份验证技术等。

基于以上特征，随着技术的不断发展和进步，我们相信区块链将在更多的领域得到应用，并将发挥更加重要的作用。

第二节
区块链的未来趋势

区块链作为一种分布式账本技术，具有去中心化、透明性、不可篡改和安全性等特点，已经在金融、供应链管理、物联网、医疗保健等多个领域得到应用。未来，区块链将具有更广泛的应用，公链与私链深度融合，共识算法与性能大幅提升，隐私保护与身份验证技术不断加强，实现与其他技术的融合以及跨链互操作性，这些趋势将推动区块链技术的进一步发展和应用，为社会、经济和技术领域带来更多创新和机遇（图 5-2）。

图 5-2　区块链的未来趋势

企业级区块链的广泛应用

目前，许多组织和企业开始关注和应用区块链技术，但由于技术复杂性和性能限制，尤其是扩展性和隐私保护方面的挑战，广泛应用还存在一些障碍。然而，随着技术的不断发展和成熟，未来将会看到更多企业级区块链解决方案的出现，以满足不同行业的需求，并实现企业间的高效合作和跨组织的数据共享。

公链与私链的融合

公链主要指开放的区块链网络，任何人都可以参与和验证区块链上的交易。私链主要由特定的组织或企业控制和管理，用于内部业务流程的优化和数据共享。未来，公链和私链将趋于融合，采用混合链的模式。这样可以在满足隐私和安全需求的同时，也能保持去中心化和透明性的特点。

更高级的共识算法与性能提升

目前，大多数公共区块链网络使用的共识算法是以比特币的工作量证明（PoW）为基础的。然而，这种算法存在着能源浪费和性能低下的问题。随着人们的持续研究和创新，更高效、更节能和更安全的共识算法［如权益证明（PoS）、权威证明（PoA）和拜占庭容错（BFT）等］被开发出来，可满足不同应用场景的需求。

隐私保护和身份验证的进一步加强

隐私保护一直是区块链技术面临的挑战之一。为了满足企业和用户对数据隐私的保护需求，未来会出现更多隐私保护的区块链解决方案，如可验证的匿名性、零知识证明和同态加密等技术的应用。此外，身份验证机制安全性和可靠性的提高，有利于避免匿名交易的滥用和减少欺诈活动。

与其他技术的融合

区块链作为一种底层技术，将与其他前沿技术相结合，如人工智能、物联网、大数据和云计算等。通过与这些技术融合，可以更好地实现智能合约、自动化合作、数据共享和治理等目标，进一步拓展区块链的应用场景和发展方向。

跨链互操作性的实现

未来，不同的区块链网络将实现更好的互操作性，实现跨链交易和跨链资产转移。这将促进不同区块链社区之间的合作与共享，推动整个区块链生态系统的快速发展和协同发展。

第三节
区块链 + 数据要素

用好区块链技术，能够优化流通，增强数据要素利用的可信、可控、可计量能力，促进数据要素合规、高效地流通使用。区块链技术在数据流通中的应用，有助于实现数据的分布式存储和管理，增强数据的安全性和可靠性；实现数据的透明可追溯，增强数据使用的可控性和可信度；实现数据的隐私保护和授权管理，保护数据的使用和流通过程中的隐私和安全；实现数据的自动化管理，提高数据流通的效率和合规性；实现数据的自动计量和结算，减少数据使用中的纠纷和争议。因此，区块链技术在数据流通中的应用具有重要的意义，有助于推动数据管理和使用的现代化，实现数据的价值最大化。

区块链技术可以在数据要素的应用过程中发挥很多作

用，如数据隐私保护、数据共享和交换、数据管理和治理、智能合约的应用、确保数据的可信度和真实性以及促进数据合规、高效流通使用等。这些作用可以提高数据要素应用的安全性、效率和质量，同时也可以促进数据要素的应用和发展。

数据隐私保护

在数据要素应用过程中，保护个人隐私和数据安全至关重要。区块链技术具有去中心化和不可篡改的特点，可以确保数据的安全性和隐私性。将敏感数据存储在区块链上，可以防止数据泄露和滥用，同时也可以确保数据的完整性和准确性。

数据共享和交换

数据要素的价值在于其数据共享和交换。然而，数据共享和交换也存在着数据安全和隐私保护的问题。通过区块链技术，可以实现数据的安全共享和交换，同时也可以确保数据的隐私性和完整性。例如，在医疗领域，通过区块链技术可以实现患者数据的隐私保护和医疗数据的共享。

数据管理和治理

数据要素的管理和治理需要对数据进行分类、存储、处理和分析等。通过区块链技术，可以实现数据的全生命周期管理，同时也可以确保数据的准确性。例如，在供应链管理领域，通过区块链技术可以实现对产品生产、流通和销售等环节的全程跟踪和管理，提高供应链管理的效率和质量。

智能合约的应用

智能合约是区块链技术的重要组成部分，可以在数据要素的应用过程中发挥重要作用。通过智能合约，可以实现对数据的自动管理和处理，同时也可以实现对数据的安全共享和交换。例如，在金融领域，通过智能合约可以实现对金融交易的安全管理和自动执行，提高金融交易的安全性和效率。

确保数据的可信度和真实性

在数据要素的应用过程中，数据的准确性和可信度至关重要。通过区块链技术，可以确保数据的可信度和真实性。例如，在电子商务领域，通过区块链技术可以实现对商品信息的全程跟踪和管理。

促进数据合规高效流通使用

区块链技术能够实现数据的自动化管理，减少人工干预，提高数据流通的合规性。同时，本书作者李立中发明的基于区块链技术的资产属权标识（Asset ownership mark，AOM）专利技术能够实现数据的自动计量和结算，有助于减少数据使用中的纠纷和争议（图5-3）。

区块链资产权属标识专利技术

专利号：201810475808.3—基于区块链的确权方法及装置

  本发明实施例涉及一种基于区块链的确权方法及装置。该方法包括：接收指定物品的使用请求，所述使用请求包括用户标识以及使用期限，所述指定物品对应有使用权统计周期，所述使用期限包含于一个或多个周期内；根据所述用户标识在所述区块链中确定所述一个或多个周期内用户拥有的使用权配额，并分别确定所述一个或多个周期内用户拥有的使用权配额是否足够，其中，用户在一个周期内拥有的使用权配额根据用户拥有所述指定物品的所有权比例确定；当足够时，通过所述区块链将所述使用期限对应的所述指定物品的使用权分配给所述用户。以实现用户有权利和义务来监督和保护该共享物品的使用以及在该物品出现损坏等问题时，更好地追责。

图 5-3　区块链资产权属标识专利技术

  资产权属标识，其实质就是物权的权属标识，物权涵盖有形资产和无形资产，现实空间的商品都是有形资产，商标、专利和数据权等属于无形资产，这些资产符合物权法，通过指示交付有效流转，通过技术让特殊资产高效率低成本赋能实体经济，这种模式是在法律规定允许的框架下进行技术创新，金融科技必须依托法律法规，通过新技术、新模式为社会创造价值。

第六章 云计算：加强数据安全保障

云计算技术在各行各业的数据要素应用过程中扮演着重要的角色。它提供了弹性计算和资源扩展、成本效益、数据存储和管理、数据处理和分析、协同和共享、安全和灾备能力等多个方面的优势。随着云计算技术的不断发展和创新，它将继续为各行各业的数据要素应用提供更强大的支持和解决方案，推动企业更好地利用数据要素创造价值。

第一节
云计算的发展与演变

云计算是一种基于互联网的计算模式，通过这种模式，共享的软硬件资源和信息可以按需提供给计算机和其他设备。云计算经历了早期的发展阶段、应用阶段和未来趋势，已经成为一种主流的计算模式（图6-1）。未来云计算的发展将更加注重多云和混合云、容器化和微服务架构、人工智能和机器学习以及物联网等方面。每个阶段都有其特点和主要技术。

应用阶段

2008 年至今

伴随新一代信息技术的发展,云计算发展成为一项基础设施,其产业链、行业生态环境更加成熟;各厂商解决方案更加稳定,为智能经济和智能社会提供丰富的云计算服务。

发展阶段

2004—2008 年

成功案例逐渐丰富,用户认可度不断提高。产业高速发展,生态环境建设和商业模式构建成为这一时期的关键词。随之而来,越来越多的厂商开始介入,出现大量的应用解决方案,用户开始主动考虑"上云",纷纷将自身业务融入云计算平台。公有云、私有云、混合云的建设齐头并进。

早期云计算

2000 年前后

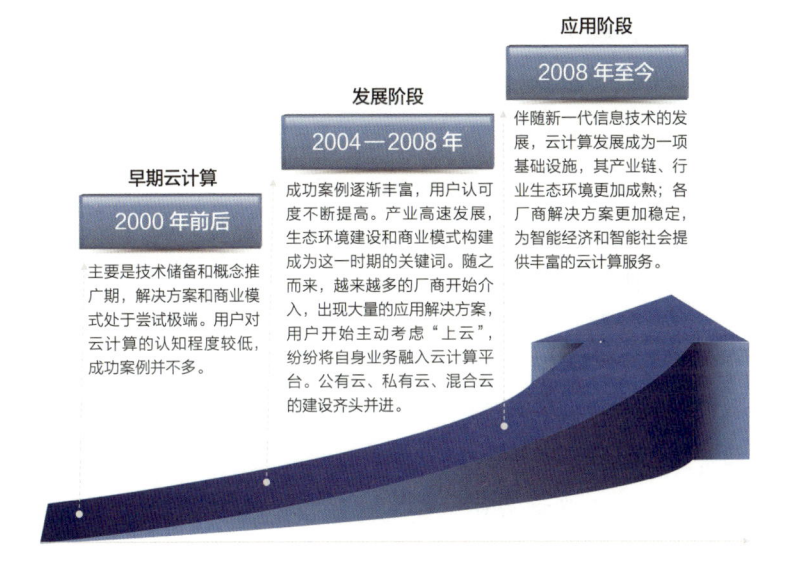

主要是技术储备和概念推广期,解决方案和商业模式处于尝试极端。用户对云计算的认知程度较低,成功案例并不多。

图 6-1　云计算的发展与演变

早期云计算(2000 年前后)

2000 年前后,云计算的概念开始出现。这一阶段的主要特点是通过因特网提供一些基本的计算服务,如电子邮件、网站托管和数据存储等。这些服务通常由一些初创公司提供,如亚马逊的网络服务、谷歌的 App Engine 和微软的 Azure 等。

发展阶段(2004—2008 年)

2004—2008 年,云计算开始变得更加流行。这个阶段的主要特点是通过虚拟化技术,将计算和存储资源池化为可服务。亚马逊在这个阶段推出了弹性计算云（Elastic Compute Cloud，EC2）服务，用户可以通过该服务租用虚拟机和存储空间。此外，谷歌和微软也推出了自己的云计算平台，提供了一系列的云服务。

应用阶段（2008年至今）

2008年至今，云计算开始在各个领域得到广泛应用。这个阶段的主要特点是通过容器化和微服务架构，将应用程序部署到云计算平台上。此外，云计算还提供了更多的服务，如数据库、大数据分析、人工智能和物联网等。在这个阶段，云计算已经成为一种主流的计算模式，越来越多的企业开始将其业务迁移到云平台上。

第二节
云计算的未来趋势

云计算作为一种新兴的计算模型和服务方式，在过去几年中得到了迅速的发展和普及。随着技术的不断进步和应用场景的不断扩大，云计算的应用场景也在不断演变，以下是云计算的一些应用场景（图6-2）。

多云环境的普及

随着云计算的发展，越来越多的企业倾向于采用多云环

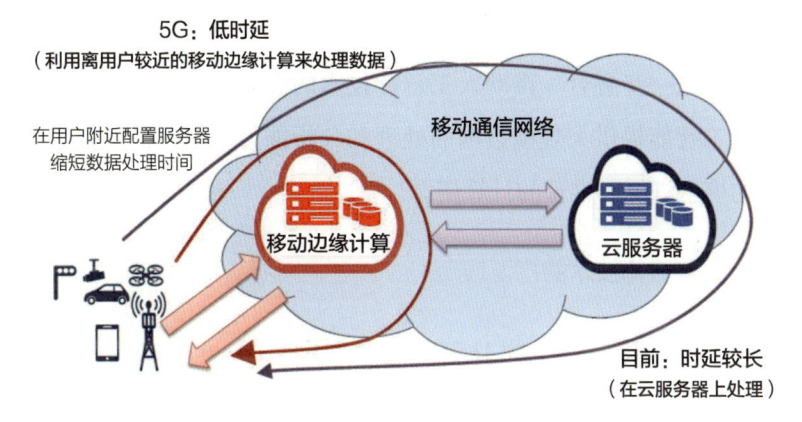

图 6-2 云计算的应用场景

境,即通过同时使用多个不同的云服务提供商来满足各种业务需求。这种方式可以最大程度地发挥不同云服务商的优势和特点,提高数据的可靠性、可扩展性和性能。未来,多云环境将成为主流,并将继续扩大。

边缘计算的普及

边缘计算是指将计算和存储资源尽可能地放在靠近数据源和用户的边缘设备上,以提高数据处理和响应的速度。未来,随着物联网和 5G 技术的普及,边缘计算将得到更多的应用。例如,在智能交通、智能城市和工业自动化领域,边缘计算可以提供实时的数据处理和决策能力。

人工智能与云计算的融合

人工智能是当前最热门的技术之一,而云计算则为人工智能提供了强大的计算和存储能力。未来，人工智能和云计算将进一步融合，推动人工智能技术的发展。云计算可以为人工智能提供大规模数据的处理和分析能力，同时提供强大的模型训练和推理的计算资源。

容器化技术的广泛应用

容器化技术（如 Docker 和 Kubernetes）可以将应用程序及其依赖项打包到一个独立的容器中，并可以在不同的环境中运行，具有快速部署、弹性扩展和资源隔离等优势。未来，容器化技术将进一步普及，并成为云计算环境中的主流部署方式。

安全和隐私的保护

随着云计算的普及，数据的安全和隐私问题也越来越重要。未来，云计算服务提供商将加强数据的加密和隐私保护措施，提供更安全可靠的云服务。同时，监管机构也将对云计算的安全和隐私进行更加严格的监管。

量子计算的崛起

量子计算作为一种革命性的计算模型，具有极高的计算速度和处理能力。未来，随着量子计算技术的成熟和商业化应用，云计算将与量子计算结合，提供更强大和高效的计算服务。量子云计算将为科学研究、金融分析和物料模拟等领域带来巨大的变革。

易用性和自动化的提升

目前,云计算的使用和管理还很复杂,需要一定的技术能力和经验。未来,云计算服务提供商将进一步提升云服务的易用性和自动化水平,使企业和个人能够更加轻松地使用和管理云服务,降低使用门槛和成本。

总之,云计算作为一种革命性的计算模式和服务方式,在未来将继续迎来许多变革和突破。上述提到的一些趋势只是云计算未来发展的一部分,我们期待在未来几年中看到更多创新和突破的出现。

第三节
云计算 + 数据要素

数据要素在各行各业的应用过程中,云计算技术可以发挥以下重要作用。

弹性计算和资源扩展

云计算提供了弹性的计算资源和可伸缩性,可以根据需求实时调整计算和存储资源。对数据要素应用来说,弹性计算和资源扩展意味着可以快速处理大规模的数据集,而不受硬件或软件的限制。这使得企业能够更高效地处理和分析数据要素，满足不断增长的业务需求。

成本效益

云计算技术通过按需分配的模式，避免了大量的前期投资和运维成本。企业可以通过租用云平台上的计算资源和存储空间，避免购买昂贵的硬件设备。此外，云计算还提供了按使用量付费的模式，使企业能够根据实际需求支付费用，更好地控制成本。

数据存储和管理

在数据要素应用中，存储和管理大规模的数据是重要的挑战之一。云计算提供了高可扩展、可靠和安全的数据存储服务，如云存储和分布式文件系统。通过使用云存储，企业可以存储和管理庞大的数据集，并根据需要快速访问数据。

数据处理和分析

云计算提供了强大的数据处理和分析能力，企业可以利用云平台上的大数据处理工具和分析服务来挖掘数据的价值，企业可以使用分布式计算和并行处理来提高数据处理的速度和效率。同时，云计算还为企业提供了机器学习和数据挖掘等高级分析工具，以从数据要素中提取有价值的信息和洞见。

协同和共享

云计算技术使得协同工作和数据共享变得更加便捷。团队成员可以通过云平台协同处理数据,并实时共享数据和分析结果。云计算还提供了即时通信和协作工具,如在线文档协作和视频会议,便于团队成员之间的交流和协作。

安全和灾备能力

云计算提供了强大的安全性和灾备能力,对数据要素应用来说尤为重要。云平台提供了身份验证、数据加密和访问控制等安全功能,以保护数据的隐私和机密性。此外,云计算还提供了高可用性和灾备机制,确保数据的持久性和可恢复性。

第四节
云计算为数据要素保驾护航

尤其是,数据安全企业通过开展基于云端的安全服务,并有效利用云计算技术,能够提升数据安全水平,加强数据安全保障。云计算技术提供了高性能、高可靠性、强备份和灾备能力、多层次的安全服务,集中管理和监控,安全的通信和协作平台等功能,能够满足企业对数据安全的要求,并提供可信的数据保护。例如,基于本书作者李立中的区块链的数据安全专利，构建区块链可信云计算存储平台，能够实现智能筛选匹配以及区块链分配公示审核，能够更好地保护和管理数据，从而提高数据安全水平，确保业务的连续性和稳定性（图6-3、图6-4）。

- 发明名称：一种基于区块链的数据处理方法及装置
- 本发明实施例涉及一种基于区块链的数据处理方法及装置。包括多个私有区块链，所述多个私有区块链包括一个主链，其他为辅链，每个辅链包括多对密钥，每对密钥具有一个标识，每个标识能够唯一标识一个密钥对，每个辅链被主链的公钥加密，该方法包括：确定第一指定信息；为所述第一指定信息分配第一目标密钥对，并将所述第一目标密钥的标识记录在所述主链中；使用主链的私钥对所述第一目标密钥标识对应的辅链进行解密，并获取所述第一目标密钥标识对应的第一目标公钥或第一目标私钥；使用所述第一目标公钥对所述第一指定信息进行加密，或者使用所述第一目标私钥对所述第一指定信息进行签名。

（专利号：201810565829.4）

图6-3 区块链的数据安全专利

生态构成：
存储位使用权购买者
存储位免费共享使用者
细胞产品使用者
区块链可信存储平台
区块链分配公示平台

技术体系：
区块链可信资产权属标识分配
专利授权
云计算、大数据基因匹配体系
物联网实时可视体系
多家合作医疗机构

区块链可信存储平台　区块链分配公示平台

治疗人提交申请 → 区块链平台筛选 → 治疗康养机构 → 收益多方分配

图6-4 区块链可信云计算存储平台

加强安全性能和可靠性

云计算技术为企业提供了高性能和可靠的数据安全基础设施。云服务提供商通常具备强大的资源和技术能力，能够提供高度可靠、高可用性的云计算环境。数据安全企业可以利用云计算提供的安全专业知识和技术，实现对数据的全面保护，包括数据加密、身份认证、访问控制等措施，提高数据的安全性和可靠性。

备份和灾备能力

云计算技术通过提供灵活的备份和灾备能力，帮助数据安全企业保护数据免受意外事件和灾难的影响。云计算服务商通常具备完善的数据备份和恢复机制，能够在数据丢失或系统崩溃等情况下，快速恢复数据和服务。数据安全企业可以利用云计算的弹性和灵活性，实现数据的自动备份和容灾备份，确保数据的安全和可用性。

提供多层次的安全服务

云计算平台提供多层次的安全服务，能够满足数据安全企业对不同层次的安全需求。云服务提供商通常提供包括网络安全、身份认证、访问控制、应用安全等全面的安全服务。数据安全企业可以根据自身需求，选择合适的安全服务进行部署和使用，提升数据安全水平。

实现集中管理和监控

通过云计算技术，数据安全企业可以实现对数据的集中管理和监控。云平台提供集中化的管理工具和界面，使得数据安全企业能够对数据进行统一管理、监控和审计。这有助于实时了解数据的存储、传输和访问情况，及时发现和应对潜在的安全威胁。

提供安全的通信和协作平台

云计算技术提供了安全的通信和协作平台，方便数据安全企业内部和外部的合作与协同。云平台提供加密通信和安全协作工具，确保敏感数据的安全传输和共享。这有助于提高数据安全企业与客户、合作伙伴之间的安全协作效率。

第三篇
CHAPTER 3

产业升级
——数据要素提高新质生产力

数据要素能够帮助企业和组织更好地利用数据资源，进行数据驱动的决策和创新，同时也能够提高生产效率和质量，加速创新和业务发展，从而促进新质生产力的提升，提高企事业的竞争力和可持续发展能力。

例如，数据要素可以帮助企业和组织更好地了解市场需求和趋势，从而优化生产流程、提高生产效率。此外，数据还可以用于预测和规划，帮助企业更好地利用资源和时间，提高生产效率；数据要素可以帮助企业和组织更好地了解客户需求和行为，从而开发出更符合市场需求的产品和服务。同时，数据可以用于研究和开发，帮助企业不断创新，提高竞争力；数据要素还可以帮助政府更好地了解社会问题和公众需求，从而制定更有效的政策和措施，改善公共服务。数据还可以用于监测和评估，帮助政府更好地管理公共资源，提高公共服务效率。

第七章 数据要素 x 工业制造

在工业制造中，数据作为一种重要的生产要素，正逐渐发挥出关键作用。工业制造领域涉及生产设备、生产工艺、质量管理、供应链等多个方面，再加上可以为工业制造企业提供分析和决策支持等功能的人工智能技术，数据要素能在提高生产效率、优化资源配置、提升产品质量等方面发挥重要作用。

第一节
培育数据驱动型产品研发新模式

工业制造类企业用好设计、仿真、实验验证数据，可以培育数据驱动型产品研发新模式，提升企业创新能力。数据的集中管理和分析，能够为产品设计提供准确的指导、高效低成本的产品验证，以及基础的产品创新，提高决策的科学性和准确性。同时，数据的共享和协同也能促进企业的跨部门、跨团队合作，提高企业的创新能力和竞争力（图7-1）。

数据为产品设计提供准确的指导

收集和分析大量的设计数据，包括市场需求、用户反

图 7-1 数据的共享和协同提高企业的创新能力和竞争力

馈、材料特性等，能够为产品设计提供准确的指导。数据可以帮助企业了解用户需求、预测市场趋势，从而在产品设计阶段做出更科学、更符合市场需求的决策，提高产品设计的成功率。

仿真技术提供高效低成本的产品验证

通过仿真技术，企业可以根据设计数据建立产品模型并进行仿真验证。这样可以在实际制造之前，通过计算机模拟进行各种测试和优化，提高产品的质量和效率，减少制造成本和时间。采用仿真技术可以大大缩短产品开发周期，提高产品研发的效率和成功率。

实验验证数据为产品创新提供基础

通过实验验证数据，企业可以对产品性能和可靠性进行评估。实验验证数据可以提供关键指标，帮助企业优化产品设计和改进制造工艺。这有助于企业在产品创新方面快速迭代，不断提高产品质量和性能，增强企业的竞争力。

数据驱动型产品研发提高决策科学性和准确性

数据驱动型的产品研发模式可以基于大量的设计、仿真和实验验证数据进行决策，提高决策的科学性和准确性。基于数据的决策可以减少主观因素的干扰，提高研发过程的可控性。同时，数据的反馈和分析也可以帮助企业及时调整研发方向，降低研发风险。

数据的集中管理促进企业协同创新

通过建立统一的数据平台和共享机制，企业可以集中管理设计、仿真、实验验证等数据，使得各个部门和团队都能够获得所需的数据，并能够进行实时的协同创新。数据的共享和协同可以促进团队之间的沟通和协作，提高企业的创新能力和竞争力。

第二节
实现协同制造和敏捷柔性协同制造

智能制造类企业用好供应链上下游设计、计划、质量、物流等数据，可以实现协同制造和敏捷柔性协同制造（图

7-2）。这可以提高生产过程的透明化和协同化、提高供应链的稳定性和响应速度、实现生产过程的优化和改进、提高企业的敏捷性和柔性、促进企业间的合作和创新。这些优势有助于提升企业的竞争力和市场占有率，推动行业的可持续发展。

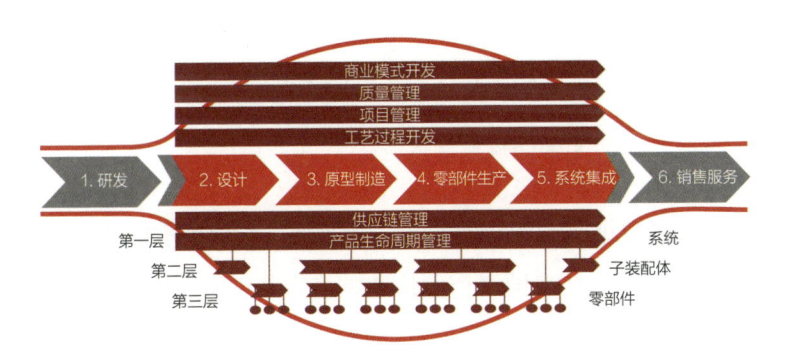

图 7-2 协同制造和敏捷柔性协同制造

实现生产过程的透明化和协同化

通过收集和分析供应链上下游的数据，企业可以实时了解整个生产过程的进度和质量，并与上下游企业进行协同合作。这样可以在生产过程中实现更精细的管理和更高效的资源优化配置。

提高供应链的稳定性和响应速度

通过与供应链上下游企业建立数据共享和协同机制，企业可以更快速地响应市场变化和客户需求，提高供应链的稳定性和响应速度。同时，数据共享和协同也可以降低供应链风险，提高企业的抗风险能力。

实现生产过程的优化和改进

通过对供应链上下游数据的分析，企业可以发现生产过程中的瓶颈和问题，并针对性地进行改进。这样可以帮助企业提高生产效率和质量，降低生产成本。

提高企业的敏捷性和柔性

通过数据驱动的协同制造，企业可以实现更敏捷和柔性的生产方式。这有助于企业快速响应市场变化和客户需求，提高企业的竞争力和市场占有率。

促进企业间的合作和创新

数据驱动的协同制造可以促进企业间的合作和创新。通过数据共享和协同，企业可以共同研发更高效、环保的生产技术和设备，提高整个行业的创新能力和竞争力。

第三节
提升预测性维护和增值服务等能力

智能制造类企业用好设计、生产、运行等数据，可以提升服务能力，实现预测性维护和增值服务能力，延伸价值链。通过数据驱动的反馈和分析，企业能够更好地了解用户需求，提供个性化的产品和服务，实现持续创新与提升，从而提高客户满意度，提升企业竞争力和市场地位。

数据驱动的服务能力提升

通过分析设计、生产、运行等环节的数据，企业可以更好地了解产品性能、使用情况以及客户需求。这有助于企业服务能力的提升，例如精确把握用户需求，提供个性化的产品和服务，及时响应客户问题和需求，提高客户满意度等。

预测性维护的实现

通过运用数据分析和机器学习技术，企业可以预测设备和产品的故障和维护需求。基于可靠的数据和算法模型，可以制订合理的维护计划，提前进行维护和修复，避免设备故障带来的停机时间和生产损失。这样不但可以降低维修成本，提高生产效率，还能提升客户满意度和产品质量。

增值服务的提供

通过分析设计、生产、运行等各环节的数据，企业可以为客户提供增值服务。例如，根据设备的使用情况和性能监测数据，提供定制的产品升级方案和优化建议。此外，通过数据分析，企业还可以提供运营咨询、系统优化、培训等增值服务，提高客户的效益和价值。

实现价值链延伸

通过充分利用设计、生产、运行等数据，企业可以实现从产品制造到提供全生命周期服务的延伸（图7-3）。通过数据的采集和分析，企业能够了解产品的使用情况、维修记录、用户需求等信息，为客户提供更全面、个性化的服务（图7-4）。这样可以进一步巩固企业与客户的关系，提高客户忠诚度，实现价值链的延伸。

图 7-3　从产品制造到提供全生命周期服务的延伸

支持持续创新与提升

通过数据分析，企业可以识别潜在的创新机会和客户需求。运用数据驱动的反馈和分析，企业可以不断改进产品设计和制造流程，提升产品质量和性能。此外，基于数据的洞察，企业可以推出新的服务模式和业务模式，更好地满足市场需求。

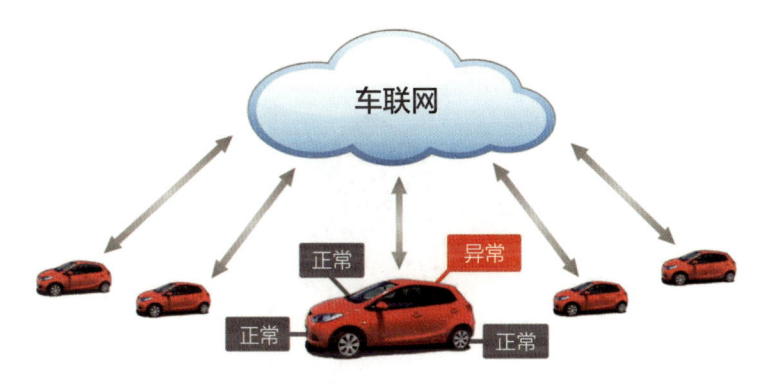

图 7-4　为客户提供更全面、个性化的服务

第四节
实现区域间制造资源协同

用好区域内的产能、采购、库存、物流数据，并让这些数据在区域内有效流通，可以加强区域间制造资源协同，促进区域产业优势互补，提升产业链供应链监测预警能力。这有助于资源的优化配置，推动区域经济的协同发展，提高供应链和产业链的稳定性和可持续性。同时，数据的共享和分析也为政府提供了决策和规划的参考，以促进区域经济的可持续发展（图 7-5）。

实现资源优化配置

通过区域内产能、采购、库存、物流数据的收集和分析，企业可以实现更精确和全面的资源优化配置。通过数据

工业互联网一体化进园区
让园区企业提质增效、高质量发展

加强区域间制造资源协同,促进区域产业优势互补,提升产业链供应链监测预警能力。

安全性

为政府提供了决策和规划的参考,促进区域经济的可持续发展。

持续性

有助于资源的优化配置,推动区域经济的协同发展,提高供应链和产业链的稳定性。

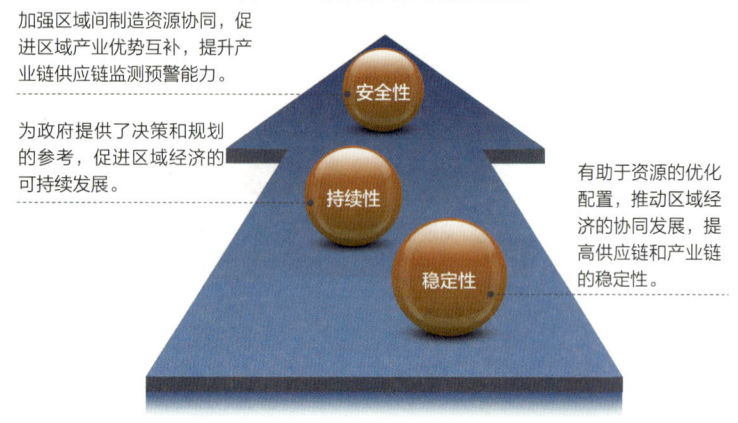

稳定性

图 7-5　通过工业互联网,实现区域间制造资源协同

的比对和匹配,企业可以及时了解区域内的产能供需情况,优化采购计划和库存管理,提高资源利用效率,降低生产成本。

加强区域间制造资源协同

通过数据的共享和流通,不同企业和组织可以更好地了解彼此的产能和需求。这有助于促进企业间的协同合作,实现资源的共享和互补。区域间制造资源的协同,可以提高整个区域的制造能力和竞争力,推动区域经济的协同发展。

促进区域产业优势互补

通过区域内的产能、采购、库存、物流数据,企业可以更准确地了解区域内不同产业的优势和特点。这有助于企业在供应链和产业链上找到互补的合作伙伴,实现资源的跨界整合,提高整个区域内产业的综合竞争力,促进产业结构的优化和升级。

提升产业链供应链监测预警能力

通过对区域内的产能、采购、库存、物流数据的监测和分析,企业可以实时了解产业链和供应链的运行情况,并能提前发现潜在的问题和风险。这有助于企业及时采取措施,减轻风险影响,提高产业链和供应链的韧性和稳定性。

支持政府决策与规划

区域内的产能、采购、库存、物流数据为政府决策和规划提供了重要参考。通过收集和分析这些数据,政府可以更好地了解区域内的经济情况和产业布局,制定相应的产业政策和发展规划,推动区域经济的可持续发展。

第八章 数据要素 x 现代农业

现代农业正逐渐融合数字技术。数据作为生产要素，发挥着重要的作用。在现代农业中，农业生产过程涉及土壤管理、气候预测、种植管理、病虫害控制、农业机械控制等方方面面，而大数据技术可以为农业提供数据采集、分析和决策支持等功能，从而在提高农业生产效率、优化农业资源配置、保证食品安全等方面发挥重要作用。

第一节
提升农业生产数智化水平

农业生产经营主体和相关服务企业融合利用遥感、气象、土壤、农事作业、灾害、农作物病虫害、动物疫病、市场等数据，可以实现农业生产数智化水平的提升。数据的有效流通可以推动农业生产决策的科学化和精准化，实现农事作业的智能化，提供病虫害和动物疫病的早期预警和精准防控，加强市场信息的分析和预测，为农业科技创新和政策支持提供科学依据。这将有助于提高农业生产效率和农产品质量，推动粮食和重要农产品的增产增效，实现农业产业的可持续发展（图 8-1）。

图 8-1 提升农业生产数智化水平

实现农业生产决策的科学化和精准化

通过对遥感、气象、土壤等数据的收集和分析，农业生产经营主体和相关服务企业可以深入了解农田、气象、土壤等因素的情况，为农业生产决策提供科学依据和精准指导。例如，分析遥感图像，有助于监测农田生长状况，预测作物产量；分析气象数据，有助于预测天气情况和水资源变化；分析土壤数据，有助于调整施肥和灌溉计划，提高生产效率。

实现农事作业的智能化

利用农事作业数据以及相关智能技术，如无人机和自动驾驶农机等，农业生产经营主体可以实现农事作业的智能化。分析农事作业数据，有助于根据作物需求和土壤状况，制订精确的播种、施肥、除草等作业方案。同时，智能农机的应用可以提高农业生产效率、降低劳动力成本。

实现病虫害和动物疫病的早期预警和精准防控

通过监测和分析农作物病虫害、动物疫病相关数据，农业生产经营主体可以建立病虫害和动物疫病的早期预警系统，及时采取防控措施，减少病虫害和疫病的危害，提高生产效率和产品质量。通过数据驱动的精准防控，农业生产经营主体可以减少农药和抗生素使用，降低对环境和健康的危害。

加强市场信息的分析和预测

通过收集和分析市场数据，农业生产经营主体可以更好地了解市场需求、价格变动和销售渠道。这有助于企业制订合理的市场策略和销售计划，提高农产品的附加值和市场竞争力。同时，市场数据的分析还可以帮助农业生产经营主体预测市场走向，调整生产结构和产销形式，降低经营风险。

提供农业科技创新和政策支持的科学依据

通过数据分析，农业生产经营主体和相关服务企业可以及时了解农业科技创新的发展趋势和政策支持。这有助于企业进行技术引进和创新，提高农业生产力和农产品质量，推动农业可持续发展。

第二节
提高农产品追溯管理能力

用好农产品的产地、生产、加工、质检等数据，能够提高农产品追溯管理能力，支撑农产品追溯管理、精准营销等，增强消费者信任。同时，农产品追溯管理也有助于保障农产品质量安全，促进农业产业升级和可持续发展。因此，加强农产品追溯管理和数据应用，是推动农业高质量发展的重要措施之一。

提高农产品追溯管理能力

记录农产品的产地、生产、加工、质检等数据，可以实现对农产品的全程追溯和监控。这有助于提高农产品追溯管理能力，确保农产品质量安全。例如，当出现农产品质量问题时，可以通过追溯管理快速定位问题环节和原因，采取相应措施解决问题，保障消费者权益。

实现精准营销

分析农产品的产地、生产、加工、质检等数据，可以深入了解农产品的品质、口感、营养成分等信息。这有助于企业制订精准的营销策略，满足消费者的个性化需求。例如，针对特定消费者群体推出定制化、绿色有机等高品质农产品，提高消费者购买意愿和忠诚度。

增强消费者信任

通过农产品追溯管理,消费者可以了解到农产品的全程信息,包括产地、生产、加工、质检等数据。这有助于增强消费者对农产品的信任,提高消费者购买意愿和忠诚度。同时,农产品追溯管理也有助于提高企业品牌形象和知名度,提升消费者对企业的信任度。

保障农产品质量安全

通过农产品追溯管理,可以实时监控农产品的质量安全,确保农产品符合相关标准和规定。同时,通过数据分析,可以发现潜在的质量安全风险,采取相应措施进行预防和控制,保障消费者权益和身体健康。

促进农业产业升级和可持续发展

通过农产品追溯管理,可以推动农业产业链的升级和优化。同时,农产品追溯管理有助于推动农业可持续发展,提高农业生产效率和质量,降低生产成本和资源消耗,实现绿色、环保、可持续的农业发展模式。

第三节
推进农产品产业链数据融通创新

打通农产品生产、销售、加工等数据能够提供一站式采购、供应链金融等服务，推进农产品产业链数据融通创新，提供智慧种养、智慧捕捞、产销对接、疫病防治、行情信息、跨区作业等服务。这有助于推动农产品产业链的数字化转型和升级，提高农产品的质量和附加值，促进农业的可持续发展。

提供一站式采购和供应链金融服务

打通农产品生产、销售、加工等数据，可以构建一站式采购平台和供应链金融服务。通过数据共享和融通，企业可以更方便地进行农产品的采购，优化供应链中的资金流动、物流配送等环节。同时，供应链金融服务可以为农业生产者提供融资支持，促进农业产业链的稳定和发展。

推进农产品产业链数据融通创新

通过打通农产品生产、销售、加工等环节的数据，可以促进数据融通和创新。不同环节的数据融合和分析，有助于发现潜在的商机和业务模式创新，推进农产品产业链的数字化转型和升级。

提供智慧种养、智慧捕捞、产销对接等服务

通过数据的应用和共享，农产品产业链可以提供智慧种养、智慧捕捞等智能化服务。例如，追踪和分析数据，可以为种植、养殖、捕捞等环节提供精准的决策支持，提高生产

效率和质量。同时，通过数据的共享和匹配，可以实现农产品产销对接，提高农产品的销售率和附加值。

加强疫病防治和行情信息服务

通过数据的监测和分析，农业生产者可以实现疫病防治的精细化管理。农业生产者可以通过数据融通获取实时的疫病监测和预警信息，做好疫病防治工作。同时，经由数据的分析和汇总，可以提供农产品行情信息，帮助农业生产者把握市场动态，优化农产品的销售策略和市场定位。

实现跨区作业和农业合作社管理

通过打通农产品生产数据，农业生产者可以实现跨区作业和农业合作社管理等服务。通过数据的共享和协同，农产品生产者可以更好地进行跨地区作业，实现资源和技术的共享。同时，通过数据的集中管理，农业合作社可以更好地协调成员之间的合作关系，提高农业合作社的效益和稳定性。

第四节
提升农产品供需匹配能力

让现代农业数据有效流通，并将农产数据与商贸流通数据进行深度的分析应用，能够向农产品生产端、加工端、消费端反馈农产品信息，提升农产品供需匹配能力。数据的分析和应用，可以促进供需匹配的精细化管理，提高农产品的品质和附加值，优化农产品的流通渠道，加强农产品的溯源和品牌建设，以及优化农产品的生产和加工过程。这将有助于提高农产品的市场竞争力和消费者满意度，推动农业可持续发展并促进农民收入的增加。

实现供需匹配的精细化管理

对农产数据与商贸流通数据进行深度的分析应用，可以实现农产品供需匹配的精细化管理。分析销售数据，可以了解市场需求和消费者偏好，从而调整农产品的生产和供应计划，提高供需匹配的精确性和及时性。

提高农产品的品质和附加值

通过深度分析销售数据，企业可以获取消费者对农产品品质、口感、营养成分等方面的需求。这有助于调整农产品的生产和加工方式，提供符合市场需求的高品质产品，并增加农产品的附加值。

优化农产品的流通渠道

通过对商贸流通数据的分析，企业可以了解市场的采购规模、分布和渠道特点。这有助于优化农产品的流通渠道，提高销售效率和覆盖范围。例如，通过分析电商平台数据，企业可以选择合适的销售平台和推广方式，增加农产品的曝光度和销售量。

加强农产品的溯源和品牌建设

将农产数据与商贸流通数据相结合,可以加强农产品的溯源管理和品牌建设。通过追踪销售数据,企业可以追溯农产品的产地、生产过程等关键信息,提供可信的农产品溯源证明,增加消费者对农产品的信任。同时,建立农产品的品牌形象,有助于提升农产品的市场竞争力。

优化农产品的生产和加工过程

通过分析销售数据,企业可以了解消费者的反馈和评价,发现农产品生产和加工过程中的问题和改进点。这有助于优化生产和加工过程,提高农产品的质量和一致性。例如,通过分析消费者对农产品的投诉和退货情况,企业可以及时发现产品质量问题,采取相应的质量控制措施。

第五节
提升农业生产抗风险能力

对产能、运输、加工、贸易、消费等数据的融合、分析、发布和应用,有助于提升农业生产抗风险能力,加强农业监测预警,为应对自然灾害、疫病传播、价格波动等影响提供支撑。这将帮助农业生产者更好地应对挑战和风险,提高农产品的质量和供应稳定性，促进农业可持续发展，同时保障食品安全，提高农民收入，以及满足消费者不断变化的需求。

提升农业生产抗风险能力

对产能、运输、加工、贸易、消费等数据进行融合、分析和应用，可以提升农业生产抗风险的能力。例如，对产能分析和预测可以帮助农业生产者调整种植结构，合理安排生产布局，减少因单一作物或生产区域受灾而造成的风险。对运输和贸易数据的监测与分析则有助于提前发现运输瓶颈和贸易压力，为应对市场波动提供更好的决策依据。

加强农业监测预警

对粮食、生猪、果蔬等领域的数据融合与分析，可以加强农业的监测预警能力。例如，对粮食产量、库存等信息的实时监测与分析，可以及早发现粮食供应紧张或贸易不畅等问题，并采取相应的措施。对粮食、生猪、果蔬的产量、质量等数据的监测与分析，可以提前预警疾病暴发、害虫灾害等风险，采取相应的防控措施（图8-2）。

应对自然灾害和疫病传播

对产能、运输、加工、贸易、消费等数据进行融合与分析，可以更好地应对自然灾害和疫病传播。例如，对气象、

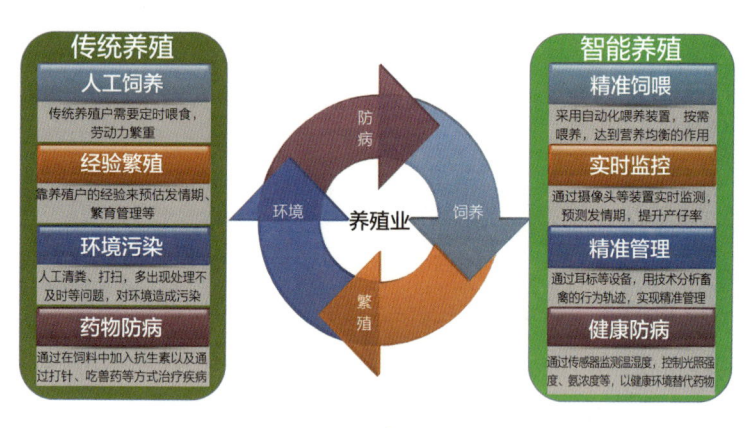

图 8-2 加强农业监测预警

土壤、干旱指数等数据的分析,可以预测自然灾害的发生和影响范围,为农业生产者提供及时的预警和决策支持。对疫病传播数据的监测与分析,可以追踪疫情的发展态势,实施及时的应对措施,确保动植物的健康与安全。

帮助应对价格波动

对贸易、消费等数据进行融合与分析,可以帮助农产品生产者应对价格波动的挑战。对市场需求、贸易数据进行实时监测与分析,可以预测价格变动的趋势,优化销售策略,减少价格风险。

第九章 数据要素 x 商贸流通

在商贸流通中，数据作为一种新兴的生产要素，正逐渐发挥出重要作用。商贸流通领域涉及商品的批发、零售、物流、交易等多个环节，而技术可以为商贸流通企业提供数据采集、分析和决策支持等功能，从而在提高商贸流通效率、优化资源配置、提升客户体验等方面发挥重要作用。

第一节
培育数字生活消费方式

在数字化浪潮的推动下，电商平台已经逐渐成为人们日常生活的重要组成部分。近年来，国家鼓励电商平台与各类商贸经营主体、相关企业深度融合，依托客流、消费行为、交通状况、人文特征等市场环境数据，打造集数据收集、分析、决策、精准推送和动态反馈的闭环消费生态。这种模式不仅能够拓展新消费，推进直播电商、即时电商等业态创新发展，还能够培育数字生活消费方式，促进我国数字经济的持续健康发展（图 9-1）。

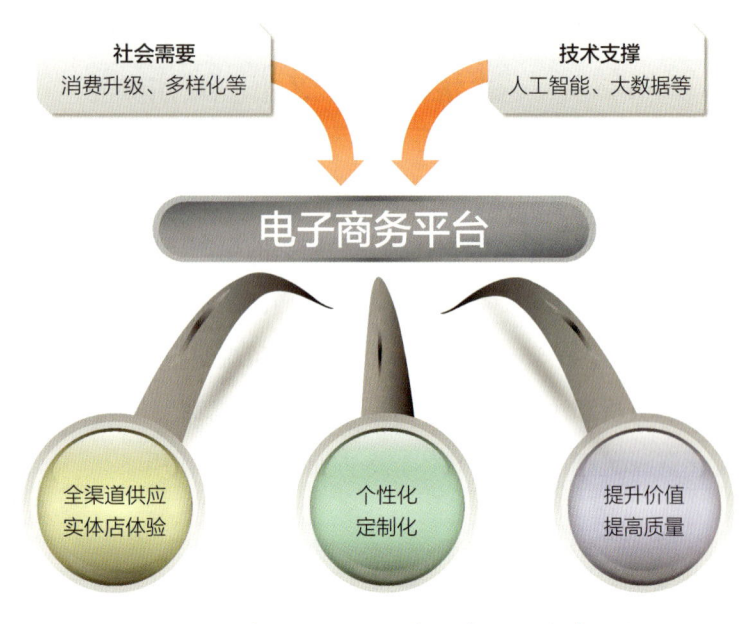

数据要素 ×
开启数字经济促进共同富裕新阶段

图 9-1 电商平台助力培育数字生活消费方式

电商平台与各类商贸经营主体、相关服务企业深度融合的必要性

1. 满足消费者个性化需求

随着社会经济的发展和科技的进步，消费者的需求日益多样化、个性化。电商平台通过与各类商贸经营主体、相关服务企业深度融合，可以更精准地了解消费者的需求，为消费者提供个性化的商品和服务。例如，电商平台可以根据消费者的购物记录、浏览行为等数据，为消费者推荐符合其兴趣和需求的商品，提高消费者的购物体验。

2. 提高市场竞争力

电商平台与各类商贸经营主体、相关服务企业深度融合，可以实现资源整合、优势互补，提高市场竞争力。例如，电商平台可以与实体商家合作，实现线上线下的融合发展，拓展销售渠道，提高销售额。同时，电商平台还可以与其他服务企业合作，提供一站式服务，满足消费者的多元化需求。

3. 促进产业升级

电商平台与各类商贸经营主体、相关服务企业深度融合，可以推动传统产业的升级和转型。例如，电商平台可以与制造商合作，实现定制化生产，提高产品的附加值。同时，电商平台还可以与物流、金融等服务企业合作，打造完整的产业链，提高产业的整体竞争力。

电商平台与各类商贸经营主体、相关服务企业深度融合的模式创新

1. 直播电商

直播电商是近年来兴起的一种新型电商模式。电商平台通过与各类商贸经营主体、相关服务企业深度融合，可以充分利用直播平台的人气，推广商品，提高销售额。例如，电商平台可以邀请具有较高人气的名人进行直播带货，吸引粉丝购买商品。同时，电商平台还可以与实体商家合作，实现线上线下的融合发展，提高消费者的购物体验。

2. 即时电商

即时电商是指在短时间内为消费者提供商品和服务的电商模式。电商平台与各类商贸经营主体、相关服务企业深度融合，可以充分利用市场环境数据，实现精准推送，提高消费者的购物体验。例如，电商平台可以根据消费者的位置信息，为其推荐附近的商家和优惠活动，满足消费者的即时需求。

3. 数字生活消费方式

电商平台与各类商贸经营主体、相关服务企业深度融合，可以推动数字生活消费方式的培育。例如，电商平台可以打造集数据收集、分析、决策、精准推送和动态反馈于一体的闭环消费生态，为消费者提供一站式服务，满足消费者的多元化需求。同时，电商平台还可以与智能硬件企业合作，推动智能家居、智能出行等数字生活的落地，提高消费者的生活品质。

第二节
打造快速响应市场的产业协同创新生态

在数字化、网络化、智能化的发展趋势下，支持电子商务企业、国家电子商务示范基地、传统商贸流通企业加强数据融合，整合订单需求、物流、产能、供应链等数据，对于培育新业态、优化配置产业链资源、打造快速响应市场的产业协同创新生态具有重要意义。

支持电子商务企业、国家电子商务示范基地、传统商贸流通企业加强数据融合，整合订单需求、物流、产能、供应链等数据的必要性

1. 提高产业链协同效率

随着市场竞争的加剧，产业链协同效率成为企业核心竞争力的重要因素。通过数据融合，企业可以实现订单需求、物流、产能、供应链等环节的实时共享和协同管理，降低信息沟通成本，提高产业链协同效率。例如，电商平台可以与制造商、物流企业等合作伙伴共享订单数据，实现生产、配送等环节的精准对接，缩短交货周期。

2. 优化资源配置

数据融合可以帮助企业更加精准地了解市场需求和资源状况，从而优化资源配置。例如，通过整合订单需求数据，企业可以合理安排产能，避免过剩或短缺现象；通过整合物流数据，企业可以优化运输路线，降低物流成本。

3. 促进新业态培育

数据融合有助于企业发现新的商业模式和市场需求，促进新业态的培育。例如电商平台可以基于用户订单需求数据分析，推出个性化定制服务，满足消费者多样化需求。同时，数据融合还可以推动产业链上下游企业创新合作模式，形成新的商业模式。

支持电子商务企业、国家电子商务示范基地、传统商贸流通企业加强数据融合，整合订单需求、物流、产能、供应链等数据的政策建议

1. 建立健全数据共享机制

为了实现数据融合，需要建立健全数据共享机制，规范数据使用和保护。例如，政府可以推动企业间签订数据共享合作协议，明确数据共享的范围、方式和责任。

2. 加大政策支持力度

政府应加大对数据融合的政策支持力度，鼓励企业加大投入，加快数据融合技术研发和应用。例如，设立专项资金，支持企业进行数据融合相关的技术改造和创新项目。

3. 加强人才培养和引进

数据融合需要高素质的人才支持。政府和企业应加强人才培养和引进，提高人才素质。例如，加强与高校、科研院所的合作，培养具备数据融合技能的人才。

4. 优化产业链生态

政府应推动产业链上下游企业加强合作，优化产业链生态。例如，引导企业间开展产学研合作，共同研发新技术、新产品，形成产业链协同创新的良好氛围。

第三节
助力打造特色品牌

分析电子商务企业、商贸企业依托订单数量、订单类型、人口分布等数据，可以更好地了解市场需求，实现产销对接、精准推送，助力打造特色品牌。政府和企业应加强合作，提高数据分析和应用能力，加强数据安全保护，提供政策支持和激励措施，共同推动企业的创新和发展，为经济增长注入新动力。

基于订单数量、订单类型、人口分布等数据打造新品牌的必要性

1. 解析市场需求

通过对订单数量和订单类型等数据的分析，企业可以深入了解市场需求，掌握消费者的偏好和趋势。例如：企业可以根据订单数量情况，判断某个产品或服务是否受到市场欢迎；通过分析订单类型，企业可以发现新的市场机会，推出符合消费者需求的新产品。

2. 实现精准推送

通过对人口分布等数据的分析，企业可以实现精准推送，将产品和服务传递给目标消费者。例如，企业可以根据人口分布数据，针对不同地区的消费者推出不同的促销活动和优惠政策，提高销售量。

3. 建立品牌差异化竞争优势

通过分析订单数量、订单类型等数据，企业可以发现自身的竞争优势，并根据市场需求建立差异化的品牌定位。例如，企业可以根据订单数量和订单类型，确定自身的产品特色，塑造独特的品牌形象，从而在市场竞争中脱颖而出。

针对电子商务企业、商贸企业依托订单数量、订单类型、人口分布等数据打造新品牌的措施

1. 数据整合与分析

企业应提高订单数据的整合与分析能力，建立完善的数据平台和分析系统，实时监测订单数量和订单类型，分析市场趋势。同时，企业还应与数据分析专家合作，利用先进的数据分析技术，挖掘潜在的市场机会。

2. 产销对接与配送优化

电子商务企业、商贸企业可以利用订单数量与类型等数据，优化产销对接，建立供应链管理系统。通过与生产企业和产业集群合作，企业可以实现生产和销售的高度跨界融合，提高物流配送的效率和准确性。

3. 精细化营销与定制化服务

基于人口分布等数据，电子商务企业、商贸企业可以实现精细化营销和定制化服务，针对不同的消费者群体提供不同的产品和服务。例如，通过分析人口分布数据，企业可以对特定目标消费者进行定向营销，提高销售效果和品牌形象。

第四节
推进商贸流通的国际化

在安全合规的前提下，鼓励电子商务企业、现代流通企业、数字贸易龙头企业融合交易、物流、支付数据，能够提高推进商贸流通的国际化能力。这需要政府、企业和社会各方共同努力，加强政策支持、技术研发和人才培养，推动数字化、网络化和智能化的进程，为商贸流通的国际化发展提供有力支撑。

实现资源整合和信息共享

通过整合交易、物流、支付等数据，企业可以实现资源整合和信息共享，提高商贸流通的效率。通过数据融合，企业可以实时掌握订单情况、物流状态、支付信息等，从而更好地管理供应链，提高响应速度和准确性。

提高市场竞争力

在国际化进程中，企业需要不断提高自身的市场竞争力。通过数据融合，企业可以更好地了解国际市场趋势和客户需求，从而制定更加精准的市场策略和产品策略。同时，数据融合还可以帮助企业提高物流效率、降低成本，从而在国际市场上获得更大的竞争优势。

优化资源配置

数据融合可以帮助企业更好地了解资源状况和市场需求，从而优化资源配置。例如，企业可以根据国际市场的需求变化，调整生产和销售策略，提高资源的利用效率。

促进跨境合作

数据融合可以促进企业跨境合作，实现不同国家和地区的企业之间的信息共享和协同发展。通过数据融合，企业可以更好地了解其他国家和地区的政策法规、市场趋势和客户需求，从而开展更加精准的跨境合作。

第十章 数据要素 x 交通运输

在交通运输领域,数据作为一种新兴的生产要素,正逐渐发挥重要作用。交通运输领域涉及道路、铁路、水路、航空等多个方面,而大数据技术可以为交通运输企业提供数据采集、分析和决策支持,从而在提高交通运输效率、优化资源配置和提升客户体验等方面发挥重要作用。

第一节
提升交通运输的多式联运效能

推进货运数据、运单数据、结算数据、保险数据、货运跟踪数据的共享互认,能够实现托运人一次委托、费用一次结算、货物一次保险、多式联运经营人全程负责,提升交通运输的多式联运效能。这不仅可以提高运输效率和降低成本,还能优化运输服务链条,加强货物安全和风险管理,促进多式联运业务的发展。政府和企业应加强合作,制定相关政策和标准,加强监管和推动共享互认数据的落地,使其成为交通运输行业发展的助推器(图10-1)。

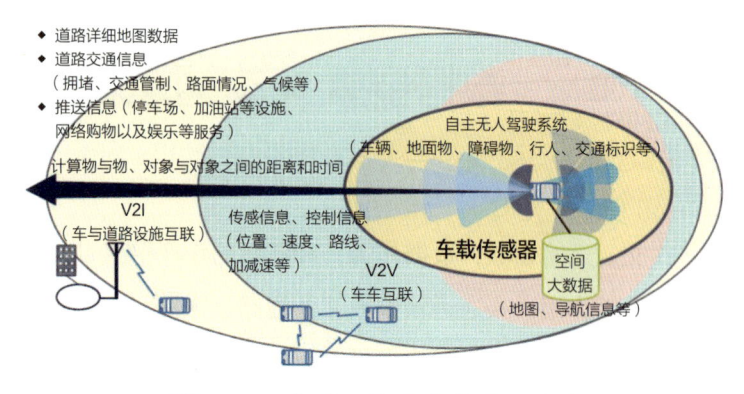

- 道路详细地图数据
- 道路交通信息
  （拥堵、交通管制、路面情况、气候等）
- 推送信息（停车场、加油站等设施、网络购物以及娱乐等服务）

计算物与物、对象与对象之间的距离和时间

V2I（车与道路设施互联）

传感信息、控制信息（位置、速度、路线、加减速等）

V2V（车车互联）

自主无人驾驶系统（车辆、地面物、障碍物、行人、交通标识等）

车载传感器

空间大数据（地图、导航信息等）

图 10-1　交通运输的多式联运效能

提高运输效率及降低成本

通过推进货运寄递数据、运单数据、结算数据、保险数据、货运跟踪数据的共享互认，各个环节之间的信息交流和协同将更加高效和精确。托运人只需一次委托，货物运输过程中的细节和信息即可被共享和识别，包括运单、货物跟踪信息等，减少了重复性工作和沟通环节，提高了运输效率。同时，费用一次结算可以减少时间成本和人力成本，简化了运输过程中的财务流程。多式联运经营人全程负责则能够避免物流环节的中断和信息缺失，提高整体运输效能。

提升货物安全和风险管理

共享互认数据为货物提供了一次性的保险服务，将从起运地到目的地全程进行保险覆盖，减少了重复购买保险的行为和理赔的烦琐程序。货运跟踪数据的共享互认还可以实时监控货物的状态和位置，提高货物安全，降低风险。多式联运经营人全程负责能够提供更好的货物监管和管理服务，确保货物从运输起始地到目的地的安全到位。

促进多式联运业务的发展

推进共享互认数据可以促进多式联运业务的发展。多式联运是指通过多种不同的运输方式进行货物运输，能够最大限度地发挥各种运输方式的优势，提高运输效率。共享互认数据能够解决不同运输方式之间信息不畅通的问题，优化多式联运业务的整体运作。这将促进不同运输方式之间的协同运作，提升整个物流链条的效率，推动多式联运业务的发展。

加强监管和政策支持

当然，为了推进货运寄递数据、运单数据、结算数据、保险数据、货运跟踪数据的共享互认，需要加强相关监管和政策支持。国家可以建立相应的统一标准和信息交换机制，促使不同运输企业之间的数据交换和共享。政府还可以加大对多式联运的政策支持，推出相关激励措施，鼓励企业参与多式联运业务。

第二节
推进航运贸易便利化

推动航运贸易数据与电子发票核验、经营主体身份核验、报关报检状态数据等的可信融合应用，可以加快推广电子提单、信用证、电子放货等业务应用，从而推进航运贸易便利化。这需要政府、航运企业和贸易企业共同努力，加强合作，推动数字化转型，建立完善的信用体系，为航运贸易的健康发展提供有力支持。

提升数据可信度

通过整合航运贸易相关数据，包括但不限于货物信息、运输状态、报关状态等，可以实现数据的可信融合应用。这种融合应用可以提高数据的准确性和可信度，避免因数据不准确而产生的误解和麻烦，为后续的提单、信用证、电子放货等业务应用提供可信的基础。

降低信息不对称

在航运贸易中，信息不对称是一个常见的问题，可能导致交易风险和不确定性。通过可信融合的应用，可以消除信息的不对称性，增强交易的安全性和可靠性，降低纠纷和争议的发生概率。

提升业务效率

电子提单、信用证、电子放货等业务应用可以大大提高航运贸易的效率。这些应用依赖于数据的可信融合，可以减少人工干预和纸质文件的传输，加快交易速度和流程。此外，这些应用还可以提供更加灵活和个性化的服务，满足不同客户的需求。

推动无纸化作业

可信融合应用和电子业务应用可以推动无纸化作业的普及。无纸化作业是指用数字化手段替代纸质文件的传输和存档，可以减少不必要的纸质文件传递和存储，进而降低成本，提高效率。

增强信用体系

可信融合应用可以为信用体系的建设提供支持。通过核验经营主体的身份信息和发票信息，可以建立完善的信用评价体系，为交易双方提供更加可靠和准确的信用参考。这有助于降低交易风险，提高市场信任度，促进航运贸易的健康发展。

促进数字化转型

可信融合应用和电子业务应用是数字化转型的重要组成

部分。数字化转型可以提高企业的竞争力，优化业务流程，提高运营效率。通过推进数字化转型，航运企业和贸易企业可以更好地适应市场变化，应对新的挑战和机遇。

第三节
提升航运服务能力

海洋地理空间、卫星遥感、定位导航、气象等数据与船舶航行位置、水域、航速、装卸作业数据的融合，能够推动商渔船防碰撞、航运路线规划、港口智慧安检等应用创新，从而提升航运服务能力。这将提高航行安全能力、优化航运路线规划、促进港口安检创新、优化资源调度和提升信息服务水平，推动航运行业高效、安全和可持续发展。同时，这也需要政府、企业和科研机构的合作，加强技术创新和数据共享，促进航运服务能力的不断提升。

提升航行安全能力

通过海洋地理空间、卫星遥感、定位导航、气象等数据与船舶航行位置、水域、航速等数据的融合，人们可以实现更准确、实时的船舶位置监测和预测，从而促进商渔船防碰撞应用创新。这有助于提高船舶航行的安全性，减少船舶碰撞事故的发生，保障航行员和货物的安全。

优化航运路线规划

融合海洋地理空间、卫星遥感、定位导航、气象等数据可以提供更全面、准确的航运路线规划，再综合考虑海洋环境、航行条件、港口资源等多种因素，使航运路线更加高效、安全、经济。这将提升航运服务的效率和质量，减少油耗和运营成本。

港口智慧安检

融合海洋地理空间、卫星遥感等数据与港口装卸作业数据可以创新港口智慧安检应用，实现对进出港船舶和货物的智能监测和安全检查。通过运用物联网、人工智能等技术，对船舶和货物进行实时监控，提前发现和预防潜在的安全隐患，提升港口安全水平。

资源调度优化

融合海洋地理空间、卫星遥感等数据与船舶航行位置、水域等数据，可以实现船舶和港口资源的实时监测和调度，优化装卸作业的效率和资源利用。通过运用数据分析和智能决策，既可以减少等待时间、排队时间，又能提高港口服务的能力和船舶资源的利用率。

提升信息服务水平

通过应用数据融合，航运服务机构可以提供更加准确、实时的航运信息服务，包括天气预报、航线规划、船舶位置跟踪等。这将提供航运参与者所需的实时信息，帮助其做出更好的决策，提高整个航运行业的服务水平和效率。

第四节
为差异化信贷、保险服务、二手车消费等提供数据支撑

挖掘数据的复用价值，分析网络货运等重点车辆数据，构建覆盖车辆营运行为、事故统计等的高质量动态数据集，可以为差异化信贷、保险服务、二手车消费等提供数据支撑。这需要政府、企业和社会各界共同努力，加强对数据的挖掘和分析，推动数据共享和利用，为各类应用提供更多的数据支撑，从而促进经济社会的高质量发展。

差异化信贷服务

通过分析网络货运等重点车辆数据，我们可以了解不同车辆的营运行为、事故统计等信息，从而为银行等金融机构提供差异化信贷服务的依据。例如，银行可以根据车辆的信用记录、事故情况等因素，为车辆提供个性化的信贷方案，以满足不同客户的需求。

保险服务

挖掘数据的复用价值,分析网络货运等重点车辆数据,可以为保险公司提供更加精准的风险评估。通过分析车辆的营运行为、事故统计等信息,保险公司可以更加准确地评估车辆的风险水平,从而为车辆提供更加精准的保险服务。

二手车消费

挖掘数据复用价值,分析网络货运等重点车辆数据,可以为二手车交易提供更加精准的数据支撑。例如,二手车购买者可以通过车辆的营运行为、事故统计等信息,更加准确地评估车辆的使用价值和风险水平,从而做出更加明智的购买决策。

此外,挖掘数据的复用价值,分析网络货运等重点车辆数据,还可以为其他领域提供数据支撑。例如,交通管理部门可以通过分析车辆的营运行为、事故统计等信息制定更加科学合理的交通管理政策;车辆维修机构可以通过分析车辆的营运行为、事故统计等信息,为车辆提供更加精准的维修服务。

第五节
助力企业提升运输效率

交通运输龙头企业推进高质量数据集建设和复用,能够助力企业提升运输效率。这需要政府、企业和社会各界共同努力,加强对数据的收集整合和分析,推动数据共享和利用,为提升运输效率提供更加有力的支持。同时,也需要关注数据的安全、隐私和伦理问题,确保数据的合法、公平、安全、可控地使用,确保数据驱动决策的安全性和可靠性(图 10-2)。

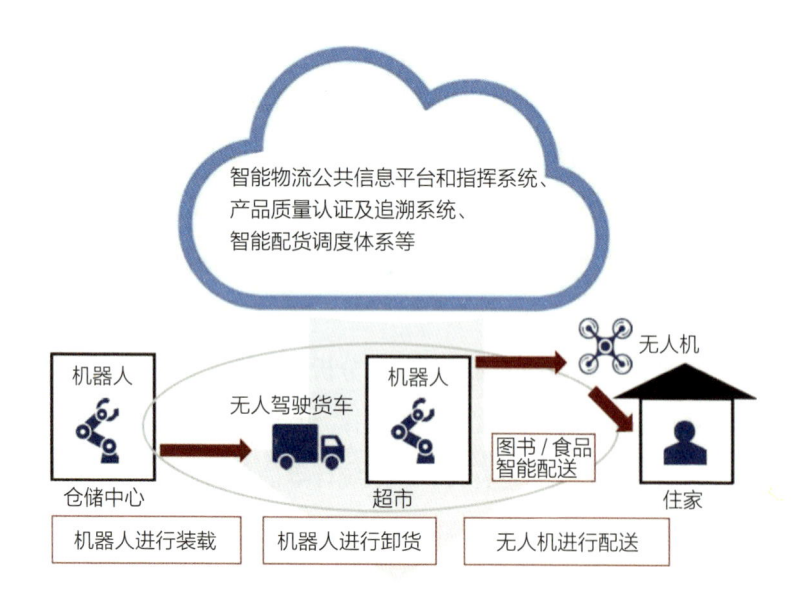

图 10-2 助力企业提升运输效率

数据驱动决策

高质量的数据集能够帮助企业更好地了解运输过程中的各种因素,如货物的数量、种类、运输路线、车辆状态等,从而制订更加科学合理的运输计划和方案。通过数据分析，企业可以发现运输过程中的瓶颈和问题，采取针对性的措施加以解决，提高运输效率。

优化资源配置

高质量的数据集可以帮助企业更好地了解车辆、货物、人员等资源的使用情况，从而优化资源配置，提高资源利用效率。例如，企业可以根据车辆的运行状态、货物的需求情况等数据，合理调配车辆和货物，避免资源浪费，提高运输效率。

提高运输安全性

通过分析高质量的数据集，企业可以及时掌握车辆的运行状态、货物的情况等信息，从而提高运输安全性。例如，企业可以通过对车辆的监控，及时发现车辆存在的安全隐患，采取措施加以解决，避免发生交通事故，提高运输安全性。

提升客户满意度

高质量的数据集可以帮助企业更好地了解客户的需求和反馈，从而提高客户满意度。例如，企业客户的订单信息、货物需求等数据，制订更加科学合理的运输计划，提高运输效率，减少运输时间，提高客户满意度。

第六节
推进智能网联汽车创新发展，
提高智能汽车创新服务

在当前科技发展迅速的背景下，智能网联汽车已经逐渐成为汽车产业的发展趋势。智能网联汽车通过连接车辆与互联网，实现车辆之间、车辆与道路基础设施之间的信息交互与共享，为用户提供更加安全、便捷和舒适的出行体验。而要实现智能网联汽车的创新发展和提升服务质量，需要打通车企、第三方平台、运输企业等主体间的数据壁垒，促进多源数据的融合应用。

道路基础设施数据融合应用

打通车企、第三方平台、运输企业等主体间的数据壁垒可以实现道路基础设施数据的融合应用。智能网联汽车需要依赖道路基础设施的信息来进行导航、定位和交通控制等。融合应用道路基础设施的数据，可以更准确地为车辆提供实时信息，包括道路状况、交通拥堵情况等，从而提高智能网联汽车的导航和安全性能。同时，人们还可以通过采集车辆行驶数据，为道路基础设施的维护和优化提供参考依据，进一步提高整体交通系统的效率。

交通流量数据融合应用

打通数据壁垒有助于促进交通流量数据的融合应用。交通流量数据是智能网联汽车决策和控制的重要基础。一般来说，交通流量数据很难获取且准确性较低，无法提供实时的交通信息。然而，打通数据壁垒可以促进车辆实时行驶数据与交通管理部门的数据相结合，实现交通流量数据的实时更新和精确预测。这使智能网联汽车可以更好地规划路径，避免拥堵，提高通行效率。同时，交通管理部门也可以通过获取智能网联汽车的数据，更好地进行交通监控和调度，提供智能交通管理服务。

驾驶行为数据的融合应用

打通数据壁垒可以促进驾驶行为数据的融合应用。驾驶行为数据是智能网联汽车的重要参考信息，可以用来评估驾驶员的行为习惯和驾驶水平。通过打通数据壁垒，智能网联汽车可以实时采集和分析驾驶行为数据，从而为驾驶员提供个性化的驾驶建议和服务。同时，驾驶行为数据的汇总也可以为车辆制造商和保险公司提供参考，用于车辆设计和保险定价等。融合应用驾驶行为数据，可以为人们提供更加安全和智能的驾驶体验（图 10-3）。

例如，本书作者李立中的专利《基于区块链的自动驾驶控制方法及装置》发明实施例涉及一种基于区块链的自动驾

数据要素 ×
开启数字经济促进共同富裕新阶段

智能度

100%

3.0 协同决策与控制
实时并可靠获取各种信息,通过各交通参与者之间信息进行交互融合,形成协同决策与控制

2.0 协同感知
实时获取车辆周边交通环境信息,与车载传感器感知信息融合

1.0 辅助信息交互
实现导航等辅助信息的获取以及车辆行驶与驾驶员操作等数据

0%

2015　　2020　　2030　　年份

图 10-3　基于区块链的自动驾驶控制方法及装置

驶控制方法及装置。该方法包括:获取目标运载工具的位置和待执行动作,并将所述目标运载工具的位置和待执行动作记录在所述区块链中;根据所述目标运载工具的位置,以及所述区块链记录的其他运载工具的位置和待执行动作,确定与所述运载工具相邻的第一运载工具的待执行动作;根据所述第一运载工具的待执行动作调整所述目标运载工具的待执行动作;根据调整后的目标运载工具的待执行动作控制所述目标运载工具。运载工具之间位置以及待执行动作的同步,可以进一步结合同步的信息调整待执行动作,以避免运载工具之间待执行动作的干扰,从而降低运载工具事故发生率。

其区块链无人驾驶技术项目优点主要有三项：

- 无人驾驶时路上的车—车信息同步，避免意外事故提高安全性。
- 车与环境传感器信息同步，预判障碍和行人，避免高速无法刹车的危险。
- 车与车的信息及环境信息互相验证并记录在区块链上，避免黑客攻击、遥控。

综上所述，打通车企、第三方平台、运输企业等主体间的数据壁垒，可以促进道路基础设施数据、交通流量数据、驾驶行为数据等多源数据的融合应用，从而有效推进智能网联汽车的创新发展和提高服务质量。通过实现数据的共享和融合，智能网联汽车可以更好地感知和理解周围环境，提供个性化的服务和决策支持，以满足用户对出行的需求。同时，数据的融合应用也为车辆制造商、交通管理部门和保险公司等提供了更多的业务机会和发展空间，进一步推动了智能网联汽车的创新与发展。

第十一章 数据要素 x 金融服务

在金融服务领域，数据作为一种新兴的生产要素，正逐渐发挥出重要作用。金融服务领域涉及银行、证券、保险等多个方面，再通过人工智能技术为金融机构提供分析和决策支持等功能，从而在提高金融服务效率、优化资源配置、提升客户体验等方面发挥重要作用。

第一节
提升实体经济金融服务水平

金融机构融合利用各类数据，有助于提升金融服务水平、加强主体识别、优化信贷业务管理和保险产品设计及承保理赔服务，以及提升实体经济金融服务水平。通过充分利用科技、环保、工商、税务、气象、消费、医疗、社保、农业农村、水电气等领域的数据资源，金融机构可以更好地服务实体经济，促进金融与实体经济的深度融合，从而实现金融业的可持续发展。同时，也需要关注数据安全和隐私保护问题，确保在合规的前提下开展数据融合和创新应用。

提升金融服务水平

1. 精准服务

融合利用各类数据，金融机构能够更加准确地了解客户的财务状况、消费习惯、健康状况等多维度信息，从而提供更加精准的金融产品和服务。例如，根据消费者的购物、出行、医疗等数据，金融机构可以为消费者推荐合适的信用卡、消费贷款、健康保险等产品。

2. 智能风控

金融机构可以利用大数据、人工智能等技术，对客户的信用状况、风险偏好等进行智能评估，从而实现风险的早识别、早预警、早控制。例如，在信贷业务中，通过分析客户的消费、还款、社交等数据，金融机构可以预测客户违约的可能性，从而提前采取风险防控措施。

3. 个性化推荐

通过对客户数据的深入挖掘和分析，金融机构可以为客户提供个性化的金融产品推荐，提高客户满意度和黏性。例如，根据客户的资产状况、投资偏好和风险承受能力，为其推荐合适的投资理财产品。

加强主体识别

1. 实名认证

金融机构可以利用工商、税务、社保等数据，对客户进行实名认证，确保金融服务的主体真实性和合法性。例如，在开立银行账户、申请贷款等业务中，金融机构通过核查客户的工商注册信息、税务缴纳信息等，验证客户和资质。

2. 反洗钱

金融机构可以利用各类数据，对客户的交易行为进行监测和分析，防范洗钱等非法行为。例如，通过分析客户的交易金额、频率、地域等信息，发现异常交易行为，及时采取反洗钱措施。

优化信贷业务管理和保险产品设计及承保理赔服务

1. 信贷业务管理

金融机构可以利用税务、社保、医疗等数据，对客户的信用状况和还款能力进行评估，优化信贷业务审批流程和风险控制。例如，通过分析客户的纳税记录、社保缴纳情况、医疗就诊记录等，金融机构可以评估客户的信用水平和还款能力。

2. 保险产品设计

金融机构可以利用气象、交通、医疗等数据，为保险产品设计提供数据支持。例如，基于气象数据，金融机构可以为农业保险、自然灾害保险等产品提供风险评估和定价依据；基于交通数据，金融机构可以为车险产品提供风险评估和定价依据。

3. 承保理赔服务

金融机构可以利用消费、医疗、水电气等数据，提高保险承保和理赔的效率。例如，通过分析客户的消费记录、医疗就诊记录、水电气使用情况等，金融机构可以快速评估保险风险，加快理赔流程。

提升实体经济金融服务水平

1. 支持实体经济发展

金融机构可以利用税务、工商、社保等数据，对实体经济企业的经营状况和信用水平进行评估，为企业提供合适的融资服务。例如，通过分析企业的纳税记录、工商登记信息、社保缴纳情况等，金融机构可以评估企业的经营状况和信用水平，为企业提供融资支持。

2. 农业金融服务

金融机构可以利用农业、水电气、气象等数据，为农业产业链上的企业和个人提供金融服务。例如，基于农业数据，金融机构可以为农民提供种植、养殖等方面的金融支持；基于水电气数据，金融机构可以为农村基础设施建设提供融资服务。

3. 绿色金融

金融机构可以利用环保、能源等数据，推动绿色金融发展，支持实体经济绿色转型。例如，基于环保数据，金融机构可以为符合绿色环保要求的企业提供低息贷款、绿色债券等金融产品；基于能源数据，金融机构可以为新能源、节能环保等领域提供金融支持。

第二节
促进金融企业发展与创新

在金融服务中,数据要素的应用可以在金融数据采集与管理、智能金融决策与分析、智能金融产品与服务管理、智能金融服务与客户体验、支持金融企业发展与创新等方面发挥重要作用。数据要素的应用能够提高金融服务效率,优化资源配置,提升客户体验,促进金融企业发展,并推动金融领域的技术创新和模式变革。随着科技的不断进步和人工智能技术的不断革新,其在金融服务领域的应用前景将更加广阔。

金融数据采集与管理

1. 客户数据采集与管理

通过线上渠道、客户调查等方式收集客户信息,包括客户的基本信息、资产状况、风险偏好等参数,金融机构可以更好地了解客户需求,提高客户满意度。

2. 金融市场数据采集与管理

通过大数据技术,实时收集金融市场信息,包括股票、债券、汇率等参数,金融机构可以更好地掌握市场动态,提高投资决策效率。

智能金融决策与分析

1. 智能风险管理

利用大数据技术,可以实时收集风险相关信息,包括市场风险、信用风险等参数,帮助金融机构更好地管理风险,提高风险管理效率。

2. 智能投资

运用大数据分析技术分析市场信息和客户需求,为企业提供最优的投资建议,提高投资决策效率和客户满意度。

智能金融产品与服务管理

1. 智能理财产品管理

通过大数据分析技术,根据客户需求和风险偏好,金融机构为客户推荐个性化的理财产品,提高理财产品销售量和客户满意度。

2. 智能保险产品管理

利用大数据技术,金融机构可以实现对保险产品的智能定价、核保和理赔等功能,从而提高保险产品销售量和客户满意度。

智能金融服务与客户体验

1. 智能客户服务

利用大数据技术,可以实现客户服务的自动化和智能化，如智能客服机器人、在线聊天等，从而提高客户服务效率和满意度。

2. 智能金融服务体验

通过大数据分析，金融机构可以了解客户对金融服务的满意度，为客户推荐更加优质的服务，提高客户体验和忠诚度。

支持金融企业发展与创新

1. 市场分析与预测

通过大数据分析技术，金融机构可以了解市场需求和趋势，为金融机构提供市场预测决策建议，帮助企业制定科学的发展战略。

2. 技术创新与模式变革

利用大数据技术，金融机构可以推动金融领域的技术创新和模式变革（如互联网、移动金融等），同时提高金融服务效率和质量。

第三节
提高金融抗风险能力

在依法安全合规的前提下，推动金融信用数据和公共信用数据、商业信用数据的共享共用和高效流通，以及金融机构间共享风控类数据，金融机构能够准确分析金融市场、信贷资产、风险核查等多维数据，发挥金融科技和数据要素的驱动作用,提高金融抗风险能力,提升金融机构反欺诈、反洗钱能力,以及风险预警和防范水平。这不仅有助于金融机构的可持续发展,也能够维护金融市场的稳定和公平。同时,也需要加强数据安全和隐私保护,确保共享和使用数据的合法性、合规性和安全性。

准确分析金融市场、信贷资产、风险核查等多维数据

1. 金融市场分析

通过金融信用数据和公共信用数据的共享共用,金融机构可以更准确地分析不同金融市场的特点、趋势、人群构成等信息,从而指导金融产品的创新、提高市场竞争力。

2. 信贷资产评估

借助商业信用数据和金融信用数据的共享共用,金融机构能够更深入地了解客户的信用状况、还款能力、风险特征等,从而更精确地评估信贷资产的质量与风险水平,提高风险管理水平和资产质量。

3. 风险核查

通过共享风控类数据,金融机构可以更全面地了解客户的交易行为、消费习惯、社交关系等,识别潜在的风险因素。例如,通过分析客户的消费数据、社交数据、金融交易数据,可以发现异常交易、疑似洗钱等风险行为,提高反欺诈和反洗钱的能力。

发挥金融科技和数据要素的驱动作用

1. 智能风控

共享风控类数据可以支持金融科技的发展,金融机构通过人工智能、大数据等技术,对大量的、复杂的数据进行分析和建模,实现智能风险评估和决策。例如,通过对历史交易数据、行为特征数据等的分析,构建风险模型,实现风险的早识别、早预警、早控制(图 11-1)。

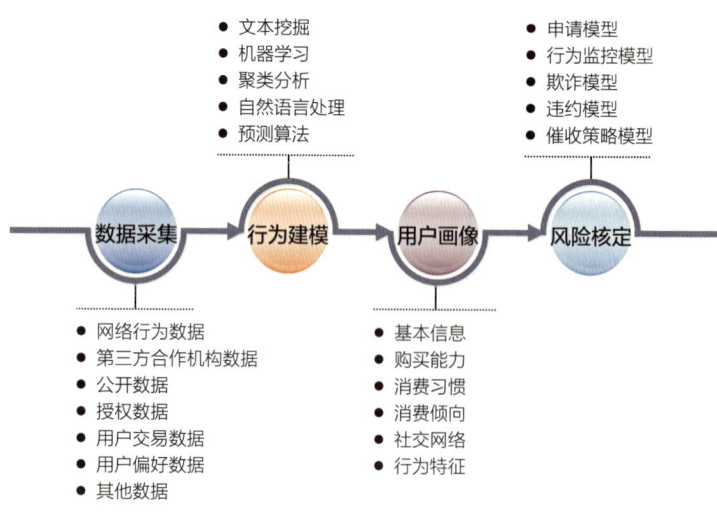

图 11-1 智能风控

2. 精准定价

通过共享金融信用数据和商业信用数据,金融机构可以更准确地评估客户的信用风险,为客户提供个性化的定价和产品服务。例如,在定价方面,可以根据客户的信用等级、交易行为等因素，制订合理的贷款利率、保险费率等。

3. 智能决策

共享金融信用数据和风控类数据，可以为金融机构提供更多的决策参考依据，支持更智能化的决策过程。例如：在信贷业务中，可以利用风控数据进行智能评级，为信贷审批过程提供科学依据；在保险业务中，可以通过数据分析和评估，提高理赔效率和准确性。

提高金融抗风险能力

1. 风险定价

通过共享和利用各类数据，金融机构可以更精确地评估风险，将风险因素纳入考量范围内。例如，在保险行业，可以通过个人健康数据、车辆驾驶数据等，更准确地评估保险风险，定价保险产品。

2. 风险管理

共享风控类数据可以提升金融机构的风险管理水平。通过分析数据，建立风险模型，制定相应的风险管理策略。例如，在信贷业务中，可以根据客户的行为数据、信用数据等进行风险分析，制定针对性的风险防控措施。

3. 风险预警

通过共享和分析金融信用数据和商业信用数据，金融机构可以提前发现潜在的风险，加强风险预警和防范。例如，通过监测客户的信用状况、行为变化等，实时预警可能出现的风险,及时采取风险控制措施。

提升金融机构反欺诈和反洗钱能力

共享风控数据可以增强金融机构对欺诈行为的识别和预防能力。通过分析客户行为数据、交易数据等,发现异常交易行为,识别欺诈行为,从而加强反欺诈措施,降低金融安全风险。

共享金融信用数据和公共信用数据,可以加强金融机构对洗钱行为的监测和防范。通过对客户交易数据、资金流动数据等的分析,金融机构可以及时发现涉嫌洗钱、资金流转异常等风险行为,从而提高反洗钱能力,保障金融系统的安全稳定。

第十二章 数据要素 x 科技创新

在科技创新中,数据作为一种重要的生产要素,正逐渐发挥关键作用。科技创新领域涉及研发、实验、测试、分析等多个环节,而大数据技术可以为科技创新提供数据采集、分析和决策支持等功能,从而在提高科技创新效率、优化资源配置、提升研发质量等方面发挥重要作用。

在科技创新中,大数据技术的应用能够提高科技数据采集与管理、智能科技决策与分析、智能创新过程管理、智能技术预测与趋势分析、智能科技产品与服务开发等方面的效率和质量。数据要素的应用有助于加速科技创新、优化资源配置、提高科技研发效率和质量,推动科技创新对社会经济发展的重要贡献。随着科技的不断进步和大数据技术的不断革新,其在科技创新领域的应用前景将更加广阔。

第一节
实现高质量的科技创新

推动科学数据的有序开放共享,促进重大科技基础设施、科技重大项目等产生的各类科学数据的互联互通,并支持和培育具有国际影响力的科学数据库建设,这对于实现高质量的科技创新具有重要作用。科学数据的共享能够促进科研合作、提升科技创新的效率和效果，并加强科学技术的评估和规范。这将推动科技创新的跨越发展，推进社会经济的可持续发展。同时，也要加强数据管理和隐私保护，确保科学数据的安全性和可控性。

促进科学研究的国际合作

1. 共享数据资源

开放共享科学数据能够打破国界限制，促进全球科研人员之间的合作与交流。通过建立开放的科学数据库，各国科研机构可以共享和交换数据，减少数据收集和处理的重复工作。这将极大地提高研究效率，促进科学研究的进展。

2. 合作创新

科学数据的共享还可以促进国际合作与创新。共享科学数据可以为科研人员提供更多的数据资源，扩大研究领域和深度，深入开展跨学科研究。同时，国际合作也能够吸引更多的专业人才和资金投入，共同解决全球性的科学难题。

3. 提高研究质量

共享科学数据可以促进数据的多元验证和复现性研究，提高研究结果的可信度和科学性。当科学数据能够被多个科研团队共享和使用，科学研究的观点和结论将更加客观和可靠，这有助于加强学术交流和研究成果的验证。

提升科技创新的效率和效果

1. 加速科技进步

科学数据的有序开放共享可以促进科技创新的速度和效果。科学数据广泛共享可以为科研人员提供更多的数据支持和参考，加快科研过程，提高科技创新效率。同时，科学数据库的建设使得科研人员可以更加便捷地获取和利用数据，从而刺激科技创新的发展。

2. 跨学科研究

科学数据的共享有助于促进跨学科研究的开展。不同学科领域的科学数据可以相互交叉利用，这为科研人员提供新的视角和创新思路。促进不同学科领域的合作，以及创造性地利用科学数据，可以推动科技创新跨越学科边界，开辟出新的研究领域和前沿。

3. 促进技术转化

科学数据库的建设和开放共享可以为技术转化和产业创新提供支持。科学数据的共享使得科研成果能够更好地服务于实际应用和产业发展。例如，基于开放的生物医学数据库，研究人员可以更好地了解基因组和疾病之间的关系，从而为药物研发和疾病治疗提供新的思路和方法。

加强科学技术的评估和规范

1. 数据可信度评估

科学数据的共享使得数据质量的评估和验证成为可能。

通过科学数据库中的元数据和数据评估指标，科研人员可以对数据的可靠性、准确性和重复性进行评估，并追踪数据的来源和跟踪处理过程。这有助于提高数据的质量和可信度，推进科学研究的规范化和科技创新的可持续发展。

2. 规范科学实践

科学数据库的建设和开放共享有助于促进科学实践的规范化。共享科学数据可以使科研工作更加透明和可追溯，避免数据的篡改和误用。科学数据库的建设还可以为科研人员提供标准化的数据格式和处理方法，统一科学实践规范，提高科技创新的质量。

3. 科学政策制定

科学数据的共享还能够为决策者提供科学依据和参考，促进科学研究的政策支持。通过对科学数据库中的数据进行统计分析和挖掘，决策者可以更好地了解科技发展的趋势和需求，优化科技创新的环境和支持政策，推动科技创新在经济社会中的广泛应用。

第二节
驱动科学创新发现

面向基础学科，提供高质量科学数据资源与知识服务，对以科学数据助力前沿研究、驱动科学创新发现具有重要意义。要支持基础学科研究、驱动前沿研究和促进科学创新发现，高质量的科学数据资源可以推动科学研究的进步，为人类文明的进步和发展做出贡献。同时，也要关注数据安全和隐私保护问题，确保科学数据的安全性和可控性。

支持基础学科研究

1. 数据资源的重要性

在基础学科研究中，科学数据资源是关键驱动力。高质量的科学数据可以帮助研究人员更好地理解自然规律、探索未知领域、解决科学难题。提供丰富的科学数据资源，可以激发科研人员的研究兴趣，引导他们深入探究科学问题，从而推动基础学科研究的发展。

2. 数据共享与交流

提供高质量的科学数据资源，可以促进数据共享和交流，推动基础学科研究的合作与协同。科研人员可以利用这些数据进行多角度、跨学科的研究，激发创新思维，提高研究质量。

3. 数据驱动的发现

高质量的科学数据可以支持数据驱动的发现。通过对大量科学数据的挖掘和分析，可以发现新的规律、趋势和关联。

驱动前沿研究

1. 支持跨学科研究

高质量的科学数据资源可以支持跨学科研究，激发创新思维。例如，在物理学、化学、生物学等不同学科之间进行交叉研究，共享科学数据资源，可以推动利用多学科共同解决科学难题。

2. 促进新方法和新理论的产生

高质量的科学数据可以支持新方法和新理论的产生。通过对科学数据的深入挖掘和分析，科研人员可以发现新的研究方法、技术和理论，推动科学研究的进步。

3. 推动科学突破

高质量的科学数据资源有助于推动科学突破。提供丰富的科学数据资源，可以激发科研人员的研究热情，引导他们深入探究科学问题，从而实现科学领域的突破性进展。

促进科学创新发现

1. 激发创新思维

高质量的科学数据资源可以激发科研人员的创新思维。对科学数据的深入研究，可以激发科研人员的好奇心和创新意识，引导他们探索未知领域。

2. 支持实验验证

高质量的科学数据资源可以为实验验证提供支持。提供可靠的实验数据，可以支持实验设计和验证，推动科学创新发现。

第三节
以科学数据支撑技术创新，加速技术创新和产业升级

聚焦生物育种、新材料创制、药物研发等领域，以科学数据支撑技术创新，可以加速技术创新和产业升级。这不仅可以促进科技创新，还可以为政策制定和市场发展提供有力支持。同时，也需要加强数据管理和知识产权保护，确保科学数据的安全性和创新成果的合法权益。

促进科技创新

1. 提升研究深度

在生物育种、新材料创制、药物研发等领域，科学数据是基础，而数据支撑则可以深化研究，发掘新现象、新规律、新应用。通过对大量科学数据的分析，科研人员可以挖掘出隐藏的信息，拓宽研究领域，为技术创新提供更多可能性。

2. 加快研发进程

通过科学数据的支撑，科研人员可以更快地发现新的技术路径和方法，缩短研发周期，提高研发效率。例如，在药物研发中，通过对大量临床试验数据的分析，可以更快地发现潜在的药物靶点，加快新药的研发进程。

3. 推动技术突破

科学数据支撑可以为技术创新提供强大的动力。通过对

科学数据的深入挖掘和分析，科研人员可以发现新的技术难题，提出新的解决方案，推动技术突破。

加速产业升级

1. 提升产业竞争力

以科学数据支撑技术创新，可以为产业升级提供强大的动力。技术创新可以提高产品质量、降低生产成本、提高生产效率，从而提高产业竞争力。

2. 推动新兴产业发展

科学数据支撑可以为新兴产业提供更多的技术支撑和机遇。例如，生物育种、新材料创制等领域的技术创新可以为新兴产业提供更多有竞争力的产品和服务，推动新兴产业的快速发展。

3. 促进传统产业升级

科学数据支撑可以为传统产业提供技术改造和升级的机会。对传统产业的技术进行创新和升级，可以提高传统产业的竞争力，促进传统产业的转型升级。

政策支持与市场前景

1. 政策支持

政府在生物育种、新材料创制、药物研发等领域积极推动科学数据支撑技术创新，提供政策支持和引导。政府可以加大对相关科研项目的支持力度，推动相关技术的研发和应用。

2. 市场前景广阔

随着技术创新和产业升级的加速,生物育种、新材料创制、药物研发等领域的市场前景广阔。相关技术的市场需求不断增加,相关产业的发展潜力巨大。

第四节
构建科学知识资源基础设施

深入挖掘各类科学数据和科技文献,通过细粒度知识抽取和多来源知识融合,能够为构建科学知识资源基础设施提供有力支持。该基础设施将有助于提升知识整合能力、促进知识传播和应用、提升科研效率和质量、推动科学数据共享和开放以及助力创新和可持续发展。这将为人类社会的进步和发展做出重要贡献。

提升知识整合能力

科学数据和科技文献是科学研究的基础,但这些数据往往分散在不同的数据库和文献中,需要花费大量的时间和精力去整理和挖掘。通过细粒度知识抽取和多来源知识融合技术,可以将这些数据整合在一起,形成全面、准确且完整的知识库,便于科研人员快速获取所需信息。

促进知识传播和应用

构建科学知识资源基础设施有助于科学知识的传播和应用。该基础设施可以为公众、研究人员、企业等提供便捷的访问途径，使他们能够更快速、更准确地获取和理解科学知识，进而推动科技创新和社会进步。

提升科研效率和质量

通过构建科学知识资源基础设施，科研人员可以更加高效地获取所需数据和信息，避免重复挖掘和整理工作，节省大量时间。同时，该基础设施还能提供更准确、更全面的知识支持，有助于提高科研成果的质量和可信度。

推动科学数据共享和开放

多来源知识融合技术，可以促进科学数据的共享和开放。该技术可以帮助科研机构、企业、政府等更好地管理和利用科学数据，避免数据孤岛现象，推动科学数据在更大范围内的交流和应用。

助力创新和可持续发展

科学知识资源基础设施有助于促进科技创新和可持续发展。该基础设施可以成为连接不同领域和学科的桥梁，促进跨学科研究和合作，为人类社会的发展提供更多创新思路和解决方案。

第五节
建设高质量语料库和基础科学数据集，助力人工智能大模型开发和训练

在当今时代，人工智能技术的发展已经成为推动全球科技进步与产业变革的关键力量。其中，大型人工智能模型的开发和训练，如深度学习、自然语言处理、计算机视觉等领域的研究，对数据资源的需求量与质量提出了极高的要求。在人工智能领域中，大模型的开发和迭代通常需要大量的数据来进行训练，并且这些数据需要高质，多样。高质量语料库和基础科学数据集的建设，对于人工智能大模型的研发和优化来说具有重要意义。

高质量语料库和基础科学数据集的定义及重要性

1. 高质量语料库的定义及重要性

高质量语料库是指在特定领域内，经过收集、整理、预处理和标注等一系列处理后，形成的大量、多样、具有代表性的数据集合。高质量语料库在人工智能大模型开发和训练过程中具有重要作用（图12-1）。

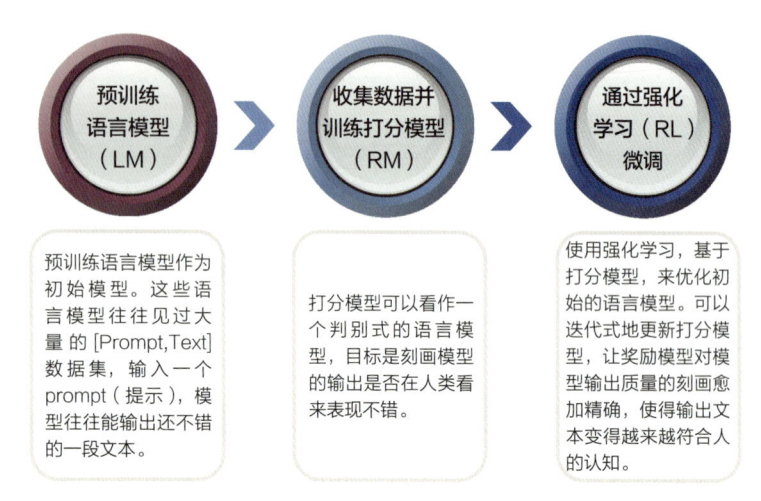

```
┌─────────────┐    ┌─────────────┐    ┌─────────────┐
│  预训练      │    │  收集数据并  │    │  通过强化    │
│  语言模型    │ ▶  │  训练打分模型│ ▶  │  学习（RL）  │
│  （LM）     │    │  （RM）     │    │  微调        │
└─────────────┘    └─────────────┘    └─────────────┘
```

| 预训练语言模型作为初始模型。这些语言模型往往见过大量的 [Prompt,Text] 数据集，输入一个 prompt（提示），模型往往能输出还不错的一段文本。 | 打分模型可以看作一个判别式的语言模型，目标是刻画模型的输出是否在人类看来表现不错。 | 使用强化学习，基于打分模型，来优化初始的语言模型。可以迭代式地更新打分模型，让奖励模型对模型输出质量的刻画愈加精确，使得输出文本变得越来越符合人的认知。 |

图 12-1　高质量语料库在人工智能大模型开发和训练过程中具有重要作用

（1）提高模型训练效果：高质量语料库中的数据具有代表性、多样性、准确性，有助于模型在学习过程中获取更丰富的特征信息，提高模型的泛化能力和训练效果。

（2）降低模型训练误差：高质量语料库中的数据经过预处理和标注，减少了数据中的噪声和错误信息，有助于缩小模型训练过程中的误差。

（3）提高模型应用场景的适应性：高质量语料库涵盖了特定领域的多种场景，有助于模型在实际应用场景中具有更好的适应性。

2. 基础科学数据集的定义及重要性

基础科学数据集是指在科学研究领域内，通过实验、观测、模拟等方式获取的大量、标准化的数据集合。基础科学数据集对于人工智能大模型开发和训练的重要性如下：

（1）促进跨学科研究：基础科学数据集涵盖了多个学科领域，有助于推动不同学科之间的交流与合作，为人工智能大模型的研发提供更多创新思路。

（2）提高模型训练的可靠性：基础科学数据集具有较高的数据质量和标准化程度，有助于提高模型训练的可靠性和稳定性。

（3）加速模型研发进程：基础科学数据集为模型训练提供了丰富的数据资源，有助于缩短模型研发周期，提高研发效率。

高质量语料库和基础科学数据集对人工智能大模型开发和训练的助力

1. 提升模型训练效果

高质量语料库和基础科学数据集为人工智能大模型提供了丰富的训练数据，有助于模型在学习过程中捕捉到更多具有代表性的特征信息，提高模型的训练效果。此外，经过预处理和标注的数据降低了噪声、避免了错误信息，有助于减少模型训练过程中的误差，进一步提高模型训练效果。

2. 增强模型泛化能力

高质量语料库和基础科学数据集涵盖了多种场景和学科领域，有助于人工智能大模型在学习过程中具备更强的泛化能力。这意味着模型在实际应用场景中具有更好的适应性，可以处理更加复杂和多样的问题。

3. 促进技术创新与产业发展

高质量语料库和基础科学数据集的建设为人工智能大模型研发提供了有力支持，有助于推动技术创新产业发展。例如：在自然语言处理领域，高质量语料库可以促进智能语音识别、机器翻译、文本生成等技术的突破；在计算机视觉领域，基础科学数据集有助于提高图像识别、目标检测、人脸识别等技术的准确性和实时性。

建设高质量的语料库和基础科学数据集也是推动人工智能科学研究和技术创新的重要基础。在人工智能领域中，研究人员需要大量的数据样本来验证和改进他们的方法和算法。建设高质量的语料库和基础科学数据集，可以为研究人员提供丰富的数据资源，促进他们的科学研究和技术创新。

第一，高质量的语料库和基础科学数据集可以提供丰富的训练数据，从而增加模型的训练样本数量。训练样本数量的增加对于大型模型的训练非常重要，因为大型模型通常需要大量的训练样本才能够发挥出其强大的能力。建设高质量的语料库和基础科学数据集可以收集更多的数据样本，从而提高模型的训练效果。

第二，高质量的语料库和基础科学数据集可以提供多样的训练样本，从而增加模型的训练样本的多样性。在人工智能领域中，模型的泛化能力是非常关键的。模型的泛化能力指的是模型在面对新的输入样本时的适应能力。通过建设高质量的语料库和基础科学数据集,研究人员可以收集到不同领域、不同类型的数据样本,从而增加了模型在不同场景下的训练样本,提高模型的泛化能力。

第三,高质量的语料库和基础科学数据集可以提高模型训练的准确性和可靠性。在人工智能模型的训练过程中,质量较高的训练数据可以减少数据中的噪声和错误信息,提高模型的训练效果。通过对训练数据进行预处理和标注,研究人员可以剔除一些不准确的数据样本,从而减少模型训练中的误差。

此外,高质量的语料库和基础科学数据集对人工智能的实际应用也具有重要意义。建设高质量的语料库和基础科学数据集,可以为人工智能的应用场景提供更准确、更可靠的数据支持。例如:在自然语言处理领域,建设高质量的语料库可以为智能机器翻译、智能客服等应用提供更有效的支持;在计算机视觉领域,建设高质量的基础科学数据集可以提高智能图像识别和目标检测的准确性等。

第五节
以数据驱动发现新规律,探索科研新范式

充分依托各类数据库与知识库,推进跨学科、跨领域协同创新,能够探索科研新范式,以数据驱动发现新规律,创造新知识,加速科学研究范式变革。这将有助于提高研究的

深度和广度，提高科研成果的质量和效益，以及加速科学研究对实际问题的解决。此外，还要加强数据管理和数据治理，保护知识产权，确保数据库与知识库的可持续发展和安全可控使用。

融合多领域知识

不同学科和领域之间存在许多交叉点和联系，通过跨学科、跨领域的协同创新，研究人员可以将不同领域的知识和技术结合起来，拓宽研究视野，发现新的研究方向和问题。通过依托各类数据库与知识库，研究人员可以掌握多领域的知识，促进不同学科之间的交流与共享，从而开创科研新范式。

深度挖掘数据资源

各类数据库与知识库中蕴藏着大量的数据和信息，通过挖掘这些数据资源，研究人员可以发现新的规律、趋势和关联。数据驱动的研究方法可以帮助科研人员从大量的数据中提取和分析有价值的信息，对科学问题进行深入研究，加速新规律的发现和新知识的创造。

加速科研过程

通过充分利用数据库与知识库，科研人员可以更加快速和准确地获取研究所需的数据和信息，避免重复工作，节省时间和资源。此外，数据库与知识库也可以提供科研工具和平台，支持科研人员进行数据分析、模拟实验等，进一步加速科研过程，快速取得研究成果。

促进科学思维转变

各类数据库与知识库进行协同创新，能够推动科研人员的科学思维转变。传统的科研模式往往依赖个体经验和直觉，而协同创新注重团队合作和共享知识。通过充分利用数据库与知识库，科研人员能够更加系统和全面地分析问题，形成准确的假设和研究方向，从而推动科学研究范式的变革。

推动科学研究范式变革

依托各类数据库与知识库，通过跨学科、跨领域的协同创新，科研人员可以不断突破传统科学研究的边界，拓宽研究领域。新兴技术如人工智能、机器学习等的应用，使得科研人员能够更好地利用数据库与知识库中的数据和信息，开展新的研究方法和思维方式，加速科学研究范式的变革。

第十三章 数据要素 x 文化旅游

在文化旅游中,数据要素将发挥重要作用。人工智能(AI)在数据采集与管理、智能决策与分析、游客体验优化和支持企业发展与创新等方面,提供了数据驱动的解决方案,优化资源配置、提升游客体验、促进文化传承,为文化旅游产业的发展和创新打开了新的可能性。随着科技的不断发展和人工智能技术的不断演进,数据要素在文化旅游中的应用前景将更加广阔。

第一节
培育文化创意新产品

推动文物、古籍、美术、戏曲剧种、非物质文化遗产、民族民间文艺等数据资源依法开放共享和交易流通,支持文化创意、旅游、展览等领域的经营主体加强数据开发利用,能够培育文化创意新产品,培育具有中国文化特色的产品和品牌。这将为我国发展文化产业、提升国家文化软实力、增强国民文化自信等方面做出重要贡献。

例如,从"利用人工智能技术来生产内容"的 AIGC (AI-Generated Content)(图 13-1)来看,其能力的提升,并不是一蹴而就的,而是在训练大量文化数据要素的基础上,经历了漫长且复杂的"模型突破—大幅提升—规模化生产—遇到障碍—模型再突破—大幅提升"的循环发展过程。

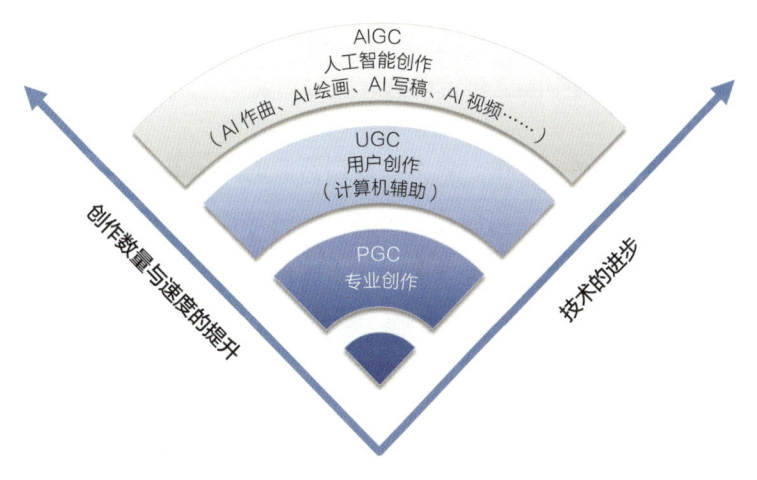

图 13-1 基于文化数据要素，AIGC 可以创作丰富的文化作品

丰富文化创意资源

文物、古籍、美术、戏曲剧种、非物质文化遗产、民族民间文艺等数据资源是我国丰富的历史文化遗产。依法开放这些资源的共享和交易流通，可以为广大文化创意、旅游、展览等领域的经营主体提供丰富的素材和灵感来源，有助于培育具有中国特色的文化创意新产品。

提升文化创意产品质量

支持文化创意、旅游、展览等领域的经营主体加强数据开发利用，可以提高文化创意产品的质量和内涵。这些经营主体可以利用开放共享的数据资源进行深入研究、挖掘和创新，为市场提供具有文化底蕴、富有创意的优质产品。

培育具有中国文化特色的产品和品牌

推动文物、古籍、美术等数据资源的开放共享和交易流通，有助于激发文化创意、旅游、展览等领域的经营主体在产品设计、品牌塑造等方面融入中国传统文化元素，培育具有中国文化特色的产品和品牌，提高国际竞争力。

促进文化产业发展

开放共享和交易流通文物、古籍等数据资源，有助于推动文化创意、旅游、展览等产业的发展。这些产业可以为我国经济发展提供新的增长点，提高国家文化软实力，促进国际文化交流与合作。

提升国民文化自信

推动文物、古籍、美术、戏曲剧种等数据资源依法开放共享和交易流通，有助于国民更好地了解和传承中国传统文化，增强文化自信。这有利于培育具有中国文化特色的产品和品牌，为世界提供丰富多样的文化体验，提升国家文化形象。

促进跨行业合作与创新

开放共享和交易流通文物、古籍等数据资源，有助于推动文化创意、旅游、展览等领域的经营主体与各行各业进行合作与交流，共同探讨创新方向和解决方案。这有助于培育具有中国文化特色的产品和品牌，提升整体创新水平。

加强文化生态保护

推动文物、古籍等数据资源的开放共享和交易流通，有助于加强文化生态保护，传承和发扬民族民间文艺等非物质文化遗产。

第二节
形成中华文化数据库

挖掘文化数据价值，让各类文化机构数据实现流通，能够形成中华文化数据库。这对提升文化资源的利用效率、推动文化产业的发展、保护和传承中华文化、促进文化交流与合作都具有重要意义。同时，这也需要政府、企业、社会组织等各方面的共同努力和支持，共同推动中华文化数据库的建设和发展。

提升文化资源的利用效率

建立数据库,可以将分散在各个文化机构中的数据集中起来,形成一个庞大的资源库,从而更好地利用和发挥文化资源的价值。数据流通,可以打破信息孤岛现象,提高文化资源的利用效率。

推动文化产业的发展

文化数据库的建立可以为文化产业的发展提供强大的支持。通过对文化数据的挖掘和分析,文化机构可以更好地了解市场需求,开发出更符合消费者需求的文化产品和服务。同时,文化数据库也可以为文化机构提供数据支持和服务,帮助他们更好地管理和运营。

保护和传承中华文化

中华文化数据库的建立可以更好地保护和传承中华文化。通过数据流通,文化机构可以更好地保存和整理各种文化遗产,让更多的人了解和认识中华文化的丰富性和多样性。同时,通过数据分析,文化机构可以发现中华文化的特点和优势,为未来的文化发展提供更多的思路和方向。

促进文化交流与合作

建立中华文化数据库可以促进不同地区、不同民族之间的文化交流与合作。通过数据流通，文化机构可以更好地了解和认识其他国家和地区的文化特色和优势，从而促进文化互鉴和共同发展。

第三节
提升文物保护利用水平

促进文物病害数据、保护修复数据、安全监管数据、文物流通数据融合共享，可以有效地提升文物保护利用水平。

提高文物保护的精准性和效率

通过融合共享这些数据，人们可以更好地了解文物的病害情况，为保护修复提供更加精准的数据支持。同时，保护修复数据和安全监管数据的共享，可以加强保护修复工作的协调和管理，提高工作效率。

增强文物的安全监管

通过融合安全监管数据，人们可以更好地了解文物的安全状况，及时发现安全隐患，采取有效的措施进行防范和处置。这样可以确保文物的安全和完整，防止文物遭到破坏和流失。

促进文物的合理利用和流通

通过融合文物流通数据，人们可以更好地了解文物的市场需求和流通情况，为文物的合理利用和流通提供更加准确的数据支持。这样可以更好地发挥文物的价值和作用，促进文化产业的健康发展。

加强文物保护的协作和合作

通过融合这些数据，相关主体可以加强文物保护的协作和合作，实现跨部门、跨地区、跨行业的协同管理和保护。这样可以更好地整合资源，形成合力，提高文物保护的整体水平。

这些措施的实施，可以提高文物保护工作的科学性和精准性，促进文化产业的健康发展，增强文化自信和国家文化软实力。

第四节
能够提升旅游服务水平

支持旅游经营主体共享气象、交通等数据，能够提升旅游服务水平，优化旅游配套服务、一站式出行服务。这需要建立健全的数据共享机制和管理制度，加强数据的安全性和可靠性，确保数据的准确性和完整性。同时，也需要各方面的共同努力和支持，共同推动旅游业的发展。

提供更加精准的服务

共享气象、交通等数据可以为旅游经营主体提供更加精准的服务支持。例如，气象数据可以提供天气预报和预警信息，帮助旅游经营主体提前做好应对措施，避免恶劣天气对旅游服务造成影响。交通数据则可以提供交通状况信息，帮助旅游经营主体合理安排行程，提高游客的出行体验。

优化旅游配套服务

共享的数据可以用于优化旅游配套服务，如餐饮、住宿、购物、娱乐等。通过了解游客的需求和偏好，旅游经营主体可以提供更加符合游客需求的服务，提高游客的满意度。同时，共享的数据也可以帮助旅游经营主体更好地了解市场需求，开发出更符合消费者需求的产品和服务。

构建客群画像和城市画像

通过共享的数据，旅游经营主体可以更好地了解游客的喜好和行为，构建客群画像和城市画像。这样可以帮助旅游经营主体更好地了解游客的需求和偏好，为游客提供更加个性化的服务。同时，也可以帮助旅游经营主体更好地管理和运营自己的业务，提高效率和效益。

一站式出行服务

共享的数据还可以用于提供一站式出行服务。通过整合各种交通、住宿、餐饮等资源，旅游经营主体可以提供更加便捷、高效的一站式出行服务。这样可以减少游客的麻烦事务和时间成本，提高游客的出行体验和满意度。

第五节
提升旅游治理能力

支持文化和旅游场所共享公安、交通、气象、证照等数据，能够提升旅游治理能力，实现集聚人群监测预警、应急救援等工作。这需要建立健全的数据共享机制和管理制度，加强数据的安全性和可靠性，确保数据的准确性和完整性。同时，也需要各方面的共同努力和支持，共同推动旅游业的发展和规范化管理。

提高安全保障能力

共享公安、交通、气象等数据可以加强旅游场所的安全保障。例如，公安数据可以提供安全防范和打击犯罪的支持，交通数据可以提供道路交通状况信息，帮助旅游经营主体合理安排行程，避免交通拥堵和事故对游客安全的影响。同时，共享证照数据可以加强旅游经营主体的管理，确保游客的合法身份和证件的真实性，避免出现安全问题。

实现集聚人群监测预警

通过集聚人群监测预警，经营主体可以及时发现人群聚集的情况，采取相应的措施进行防范和处置。共享气象、交通等数据可以为集聚人群监测预警提供更加准确的数据支持。例如，气象数据可以提供天气预报和预警信息，帮助旅游经营主体提前做好应对措施，避免恶劣天气对游客聚集的影响。

优化应急救援

共享数据可以用于优化应急救援工作，提高救援效率和质量。例如，共享的医疗数据可以提供医疗资源和救治能力信息，帮助相关部门及时调配资源，开展救援工作。同时，共享数据也可以帮助相关部门更好地了解游客的需求和偏好，为游客提供更加个性化的服务，提高游客的满意度和忠诚度。

加强旅游场所管理

通过共享数据，经营主体可以加强旅游场所的管理，提高管理效率和规范化程度。共享数据可以用于对旅游场所的监督和管理，加强执法力度和监管水平。这样可以保障游客的安全和合法权益，提高旅游业的整体形象和信誉。

除此之外，提升旅游治理能力还需要注重与其他相关部门的协作和配合，加强信息沟通和共享机制的建设。只有通过各方面的共同努力和支持，才能真正提升旅游治理能力和水平，实现旅游业的长远发展。

第十四章 数据要素 x 医疗健康

医疗数据在医疗健康领域具有重要的作用。对数据进行挖掘、分析和应用，可以助力医疗质量的提升、个性化医疗的实现、疾病的预测和预警、决策和政策的制定，从而推动医疗健康领域的创新和发展。随着大数据技术的不断进步和医疗数据的不断增加，数据在医疗健康领域的作用将变得更加重要和广泛。

第一节
提升群众就医便捷度

探索推进电子病历数据共享，以及在医疗机构间推广检查检验结果数据标准统一和共享互认，对于提升群众就医便捷度具有重要意义。这需要政府、医疗机构、患者等各方的共同努力，共同推动医疗服务的发展和改善（图 14-1、图 14-2）。

提高医疗服务效率

通过电子病历共享数据，医疗机构可以实时获取患者的病历信息，避免重复检查和检验，减少患者等待时间。同时，

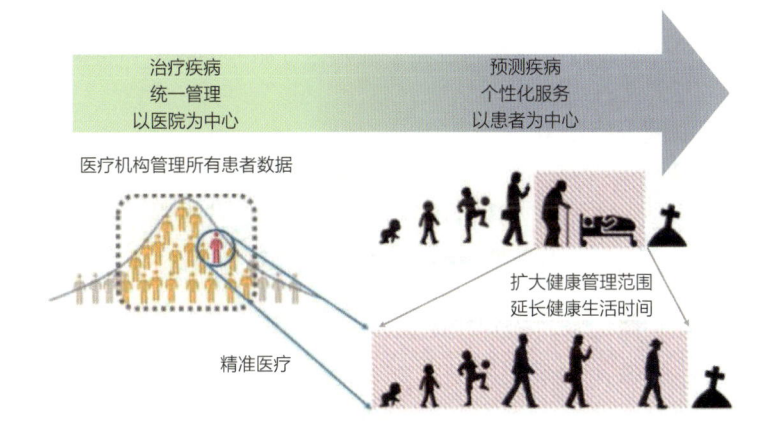

图 14-1　医疗机构管理患者所有数据

图 14-2　未来电子病历数据共享推动医疗服务的发展和改善

检查检验结果数据的统一和共享互认，可以避免患者在不同医疗机构重复进行检查和检验，提高医疗服务的效率和质量。

降低医疗费用

共享电子病历和检查结果，可以避免患者承担因重复检查和检验而产生的额外费用。据统计，当前重复检查和检验的比例较高，电子病历数据共享可以显著降低患者的医疗费用，减轻患者经济负担。

促进医疗服务连续性和完整性

电子病历数据共享有助于实现患者在不同医疗机构间的医疗服务连续性和完整性。医生可以根据患者的病历信息进行全面分析，制订更合理、更个性化的治疗方案，提高医疗服务的质量和效果。

提升医疗资源利用效率

通过电子病历数据共享，医疗机构可以更好地利用医疗资源，实现医疗资源的优化配置。例如，通过共享检查检验结果，医疗机构可以合理分配检查和使用时间，提高医疗设备的利用效率。

方便患者管理健康

电子病历数据共享和检查检验结果的互认，使得患者可以方便地在不同医疗机构管理自己的健康。患者可以随时查看自己的检查检验结果和病历信息，了解自己的健康状况，提高健康自我管理能力。

促进医疗信息化发展

推进电子病历数据共享和检查检验结果数据标准统一，有助于推动医疗信息化发展。医疗机构可以借助信息技术，提高医疗服务质量和效率，实现医疗服务的转型升级。

提高医疗服务满意度

共享电子病历和检查检验结果，可以提高患者就医的便捷度和满意度。患者可以在短时间内获得所需的医疗服务，减少重复检查和检验的困扰，提高对医疗服务的信任和满意度。

为了实现电子病历数据共享和检查检验结果数据标准统一，需要加强以下几个方面的工作：

- **建立健全数据共享机制**：制定相关政策法规，明确数据共享的责任和义务，建立健全数据共享机制。同时，加强对数据共享的监督和管理，确保电子病历数据共享的顺利进行。
- **推进数据标准化工作**：制定统一的电子病历和检查检验结果数据标准，规范数据格式和传输方式，提高数据共享的兼容性和互操作性。
- **加强信息技术的应用**：利用现代信息技术，如云计算、大数据等，实现医疗机构间的信息互联互通，为电子病历数据共享和检查检验结果互认提供技术支持。

- **注重数据安全和隐私保护**：在推进数据共享的同时，要高度重视患者数据安全和隐私保护，采取有效措施防止数据泄露和滥用。

- **加强医疗机构间的协作**：鼓励医疗机构间的协作和合作，共同推进电子病历数据共享和检查检验结果互认，实现医疗服务的协同和优化。

第二节
便捷医疗理赔结算

支持医疗机构基于信用数据开展"先诊疗后付费"的就医模式，能够使医疗理赔结算更加便捷。这有利于提高医疗服务的效率和质量，提高患者对医疗服务的信任度和满意度，提升医疗机构的社会形象和服务水平。

减少烦琐手续和手续时间

传统的医疗理赔结算需要患者提供各种证件和手续，而先诊疗后付费就医模式简化了这些烦琐的手续、节约了患者的时间，患者只需要按照约定时间和金额缴费即可。这大大节约了患者的时间和精力，也避免了因烦琐的手续导致的医疗理赔结算延误等问题。

避免因现金支付导致的遗失或丢失

在传统的医疗理赔结算模式下,患者需要随身携带大量现金或银行卡等支付工具,这存在一定的风险,也给医疗机构带来一定的风险。而先诊疗后付费就医模式消除了这些风险,避免了因现金支付导致的遗失或丢失问题。

促进医疗机构之间的数据共享和互认

先诊疗后付费就医模式需要医疗机构之间的数据共享和互认,这样可以避免患者在不同医疗机构间重复进行检查和检验,提高医疗服务的效率和质量。同时,这种模式也加强了医疗机构之间的合作和协作,有利于实现医疗资源的优化配置。

增强患者对医疗服务的信任

先诊疗后付费就医模式可以增强患者对医疗服务的信任,减少患者的疑虑和担忧。患者可以放心接受医疗服务,不用担心因拖欠费用而影响医疗机构的运营和发展。这也有利于提高患者对医疗服务的满意度和忠诚度。

提升医疗机构的社会形象和服务水平

先诊疗后付费就医模式可以提升医疗机构的社会形象和服务水平,提升医疗机构的市场竞争力和品牌价值。这种模式可以吸引更多的患者前来就诊，提高医疗机构的知名度和声誉。

当然，为了实现基于信用数据开展先诊疗后付费就医，需要建立健全信用体系、完善信用数据共享机制、加强数据安全和隐私保护等方面的工作。

第三节
促进基本医保与商业健康保险协同发展

依法依规探索推进医保与商业健康保险数据融合应用，能够推动医保便民服务，提升保险服务水平，促进基本医保与商业健康保险的协同发展。这有利于促进整个保险行业的创新和发展，也有利于提高整个医疗保障体系的效率和水平。

提升医保便民服务水平

通过医保与商业健康保险数据的融合应用，相关主体可以更全面地了解参保人的信息和需求，提供更加便捷、个性化的服务。例如，数据融合应用，可以提供一站式保险服务，实现快速理赔和便捷结算。这不仅可以提高参保人的满意度，还可以降低医保经办机构的成本。

提高保险服务水平

商业健康保险公司可以通过数据融合应用，更准确地了解市场需求和消费者行为，提供更符合消费者需求和偏好的保险产品和服务。这不仅可以提高保险公司的竞争力，还可以促进整个保险行业的健康发展。

促进基本医保与商业健康保险的协同发展

基本医保与商业健康险数据的融合应用，可以实现基本医保与商业健康险的相互补充和衔接。例如，商业健康保险可以为参保人提供更高的医疗保障，减轻基本医保的负担。同时，基本医保也可以为商业健康保险提供更广泛的服务对象和市场空间。这种协同发展可以促进整个医疗保障体系的完善和升级。

实现数据共享和互认

数据融合应用，可以促进医保与商业健康保险数据的共享和互认，避免重复收集和录入数据，提高数据利用效率和管理效率。同时，这也符合国家对数据开放和数据治理的要求，有利于促进数据流通和利用。

促进保险行业创新和发展

基本医保与商业健康保险数据的融合应用，可以为保险行业带来新的发展机遇和挑战。保险公司可以利用数据资源进行风险评估和管理，开发更加精准和个性化的保险产品和服务。同时，这也需要保险公司加强技术创新和人才培养，提高自身的竞争力和创新能力。

当然，为了实现基本医保与商业健康保险数据的融合应用，需要建立健全数据融合应用的机制和规则，加强数据安全和隐私保护，确保数据的准确性和完整性。

第四节
能够创新基于数据驱动的职业病监测、公共卫生事件预警等公共服务模式

有序释放健康医疗数据价值，完善个人健康数据档案，融合体检、就诊、疾控等数据，能够创新基于数据驱动的职业病监测、公共卫生事件预警等公共服务模式。这有利于提高医疗服务质量和效率，促进医疗行业的创新和发展，也有利于推动整个医疗体系的完善和升级。

提高职业病监测和公共卫生事件的预警能力

通过整合和分析健康医疗数据，相关主体可以更准确地了解职业病和公共卫生事件的发生趋势和规律，及时发现异常情况和风险因素，从而提高职业病监测和公共卫生事件的预警能力。

提高医疗服务质量和效率

通过健康医疗数据的整合和应用，相关主体可以更好地了解患者的健康状态和需求，制订更加精准和个性化的治疗

方案，提高医疗服务质量和效率。同时，也可以为患者提供更加便捷和高效的医疗服务，提高患者的满意度。

促进医疗资源的优化配置

通过健康医疗数据的整合和应用，相关人员可以更好地了解医疗资源的分布和使用情况，从而实现医疗资源的优化配置。例如，相关人员可以通过数据分析，发现某些地区的医疗资源紧缺，从而加大这些地区的医疗投入和建设。

促进医疗行业的创新和发展

健康医疗数据的整合和应用，可以促进医疗行业的创新和发展。例如，可以通过数据分析，发现某些疾病的治疗效果不佳，从而推动医疗行业的技术创新和产品升级。

当然，为了实现健康医疗数据的有序释放和应用，需要建立健全的数据管理和共享机制，确保数据的安全性和隐私保护。同时，也需要加强宣传和推广工作，提高公众对健康医疗数据应用的认知度和接受度。

第五节
拓展智慧医疗、智能健康管理等数据应用新模式新业态

加强医疗数据融合创新，支持公立医疗机构在合法合规

的前提下向金融机构、养老机构等经营主体共享数据，不但有助于支撑商业保险产品、疗养休养等服务产品精准设计，还有助于拓展智慧医疗、智能健康管理等数据应用新模式新业态。这既有利于提高商业保险产品和服务质量，促进医疗行业的创新和发展，也有利于推动整个医疗体系的完善和升级（图 14-3）。

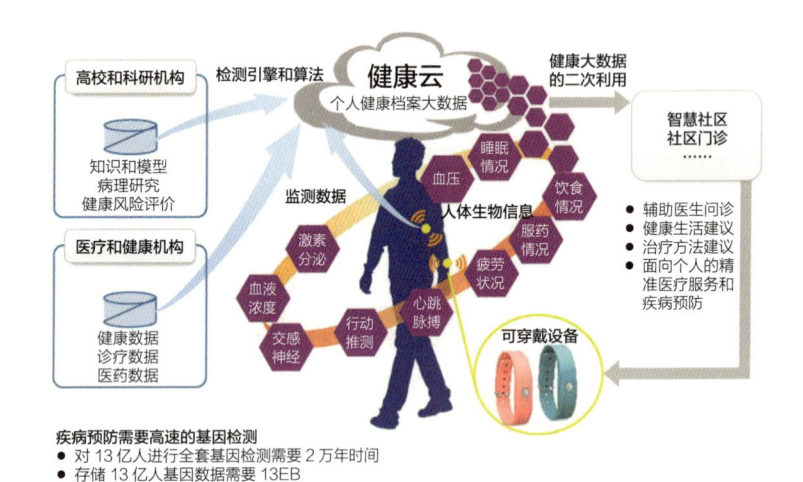

图 14-3 智能健康管理领域数据要素应用的新模式新业态

提高商业保险产品和服务质量

通过医疗数据的共享和应用，经营主体可以更好地了解患者的健康状态和需求，从而设计更加精准和个性化的商业保险产品和服务。例如，经营主体可以根据患者的健康数据，设计出更加符合患者需求和风险偏好的保险产品和服务。

提高疗养休养服务质量

通过医疗数据的共享和应用，相关主体可以更好地了解患者的健康状态和需求，从而提供更加精准和个性化的疗养休养服务。例如，可以根据患者的健康数据，提供更加符合患者需求和风险偏好的疗养休养服务。

拓展智慧医疗和智能健康管理等数据应用新模式新业态

医疗数据的共享和应用，可以推动智慧医疗和智能健康管理等数据应用新模式新业态的发展。例如，相关主体可以通过数据分析，发现某些疾病的治疗效果不佳，从而推动医疗行业的技术创新和产品升级。

促进医疗行业的创新和发展

医疗数据的共享和应用，可以促进医疗行业的创新和发展。例如，相关主体可以通过数据分析，发现某些疾病的治疗效果不佳，从而推动医疗行业的技术创新和产品升级。

当然，实现医疗数据的共享和应用，既要建立健全的数据管理和共享机制，确保数据的安全性和隐私保护的同时，又要加强宣传和推广工作，提高公众对医疗数据共享和应用的认知度和接受度。

第六节
推进中医药行业高质量发展

加强中医药在预防、治疗、康复等健康服务全流程的多源数据融合，有助于提升中医药行业发展水平，有效开展中医药疗效、药物相互作用、适应证、安全性等系统分析，推进中医药行业的高质量发展。这有助于提高中医药治疗的科学性和有效性，促进中医药行业的传承和创新，推动中医药的应用和发展与现代医疗的有机结合。这也为患者提供更加个性化、安全和高效的医疗保健服务。

提供科学依据支撑

多源数据的融合应用，可以为中医药预防、治疗和康复提供科学依据。基于数据要素分析，相关主体可以探索中医药疗效、药物相互作用、适应证等方面的规律和特点，从而提高中医药的科学性和有效性。

实现个体化诊疗

通过融合多源数据，相关主体可以全面了解患者的个性化特点，为患者提供个体化的中医药诊疗服务。这有助于提高中医药的疗效，减少不必要的误诊和治疗过程，提高患者的治疗满意度。

探索药物相互作用和安全性

通过多源数据的融合应用，相关主体可以全面了解中药和西药之间的相互作用，避免药物相互作用导致的毒副作用。同时，也可以加强对中药的安全性评估，确保中药的使用安全性。

促进中医药行业的传承和创新

融合多源数据有助于发现中医药的特殊治疗机制和适应证范围，为中医药行业的传承和创新提供科学依据。通过数据分析，相关主体可以发现传统中医药的独特价值和优势，为中医药行业的发展提供新的思路和方向。

推动中医药行业的高质量发展

多源数据的融合应用可以提高中医药的疗效和治疗服务质量，推动中医药的高质量发展。这不仅有助于提升患者对中医药的认可度和信任度，也有助于促进中医药行业的规范化和健康发展。

为此，为了实现中医药在预防、治疗、康复等健康服务全流程的多源数据融合，需要建立健全的数据管理和共享机制，确保数据的安全性和隐私保护。同时，也需要加强相关标准和规范的制定，促进不同数据源的互操作性和数据共享的便利性。

第十五章 数据要素 x 应急管理

在应急管理领域，数据要素发挥了重要作用。通过收集、分析和利用数据要素，相关部门可以实时监测和预警潜在的灾害和事故，提高应急响应的效率和质量。数据要素可以提供更准确的风险评估、灾害影响预测和救援力量调度，帮助相关部门及时采取有效的应对措施，降低灾害损失和风险。同时，数据要素还可以帮助公众了解灾害预警和应对措施，提高公众的应急意识和自救能力。

第一节
提升安全生产监管能力

电力、通信、遥感、消防等数据的综合运用，能够提升安全生产监管能力，提高监管的覆盖范围和精准度，优化资源配置和应急响应，促进安全生产的改善和提升。然而，实现这样的目标需要信息技术的支持，确保数据的安全性和隐私保护，同时也需要相关部门之间的协作和信息共享，共同推动安全生产监管能力的提升和安全生产水平的持续改善。

提高监管的覆盖范围和精准度

通过利用各种数据源的信息，如电力、通信、遥感、消防等数据，相关部门可以全面了解企业的运营情况、生产状况和安全隐患，提高监管的覆盖范围和精准度。这有助于及早发现和防范高危行业企业的违法行为和安全风险。

实时监测和预警能力提升

通过利用各种数据源进行实时监测和分析，比如遥感数据监测和消防数据监测等，相关部门可以实现对高危行业企业私挖盗采、明停暗开行为的精准监管和城市火灾的智能监测。这有助于及早发现和解决潜在的安全问题，提前预警和防止重大事故的发生。

优化资源配置和应急响应

数据的整合和分析，有助于优化资源的配置和应急响应。例如，通过电力和通信数据，相关部门可以及时掌握企业的用电和通信状况，提前预测和调整资源供应。通过消防数据的分析，相关部门可以精准判断火灾风险，及时采取预防和应急措施，提高对城市火灾的智能监测和快速反应能力。

促进安全生产的改善和提升

对多源数据进行监管和监测，可以推动和促进安全生产的改善和提升。监管部门可以根据数据分析的结果，加强巡查和检查，针对高危行业企业开展有针对性的督促和支持，改善企业的安全生产状况。同时，企业也能够基于数据指标优化自身的生产流程和安全措施，提升自身的安全管理水平。

推动各部门之间的协作和信息共享

此外，数据的共享和应用可以促进各部门之间的协作和信息共享。例如，电力、通信、遥感、消防等各个部门的数据能够相互交叉验证，提高监管的全面性和准确性。这有助于实现跨部门、跨行业的信息共享和协同管理，提高安全生产监管的整体效能。

第二节
提升自然灾害监测评估能力

相关部门利用铁塔、电力、气象等公共数据，研发自然灾害灾情监测评估模型，能够提升自然灾害监测评估能力，以及强化灾害风险精准预警研判能力。这需要加强数据管理和共享机制，确保安全性和隐私保护。同时，也需要加强宣传和推广工作，提高公众对自然灾害监测评估和预警的认知度和接受度。这有助于提高自然灾害监测评估和预警的整体效能，保障人民生命财产安全。

提高自然灾害监测评估的准确性和全面性

通过分析铁塔、电力、气象等公共数据，相关部门可以全面了解自然灾害的发生、发展和影响范围，提高自然灾害监测评估的准确性和全面性。例如，利用电力数据可以监测地震、山体滑坡等自然灾害的电力变化情况，利用气象数据可以监测和评估气象灾害的影响范围和强度。

实现对自然灾害的精细化管理

通过研发自然灾害灾情监测评估模型，相关部门可以实现对自然灾害的精细化管理。例如，通过监测铁塔的震动情况，相关部门可以及时发现地震的发生，并准确评估地震的强度和影响范围，从而及时采取应对措施。

提高自然灾害预警的准确性和及时性

通过利用公共数据研发自然灾害灾情监测评估模型，相关部门可以提高自然灾害预警的准确性和及时性。例如，通过监测气象数据，相关部门可以及时发现气象灾害的发生，并通过模型预测灾害的发展趋势，及时发布预警信息，从而减少灾害对人民生命财产的影响。

实现对自然灾害风险的精准研判

通过利用公共数据研发自然灾害灾情监测评估模型，相关部门可以实现对自然灾害风险的精准研判。例如，通过监测电力数据，相关部门可以准确评估电力设施的受灾情况和恢复能力，从而有针对性地采取措施，保障电力设施的正常运行。

促进各部门之间的协作和信息共享

利用公共数据研发自然灾害灾情监测评估模型，可以促进各部门之间的协作和信息共享。例如，气象部门可以与电力部门合作，共享气象数据和电力数据，共同研发自然灾害灾情监测评估模型，从而提高自然灾害监测评估的准确性和全面性。

第三节
提升地震预测预警水平

强化地震活动、地壳形变、地下流体等监测数据的融合分析，能够提升地震预测预警水平。这需要加强数据管理和共享机制，确保数据的安全性和隐私保护。同时，也需要加强宣传和推广工作，提高公众对地震预测预警的认知度和接受度。这有助于提高地震预测预警的整体效能，保障人民生命财产安全。

提高地震预测预警的准确性

地震活动、地壳形变、地下流体等监测数据可以提供地震孕育过程的多种信息，如地壳形变可以反映断层运动状态，地下流体可以反映断层应力变化等。通过融合这些数据，相关部门可以更全面、准确地了解地震的孕育过程，从而提高地震预测预警的准确性。

提高地震预测预警的时效性

地震活动、地壳形变、地下流体等监测数据可以实时反映地震孕育过程的变化，通过实时融合这些数据，相关部门可以及时获取地震的孕育信息，提高地震预测预警的时效性。

提高地震预测预警的可靠性

地震活动、地壳形变、地下流体等监测数据可以互相验证，提高地震预测预警的可靠性。例如，地震活动和地壳形变的数据可以相互印证，地下流体的数据可以验证地震活动的趋势。

提高地震预测预警的科学性

地震活动、地壳形变、地下流体等监测数据可以提供多种信息，这些信息可以用于地震预测预警模型的建立和验证，提高地震预测预警的科学性。

提高地震预测预警的可解释性

地震活动、地壳形变、地下流体等监测数据可以提供多种信息，这些信息可以用于解释地震的发生机制和预测地震的趋势，提高地震预测预警的可解释性。

第四节
提升应急协调共享能力

推动灾害事故、物资装备、特种作业人员、安全生产经营许可等数据跨区域共享共用，可以提高应急协调共享能力，提升监管执法和救援处置的协同联动效率。共享数据可以加强资源共享和优化配置，提高应急响应和决策的准确性，同时促进应急管理能力的提升。这些举措都有助于提高灾害应对的效率和质量，减少灾害对人民生命财产造成的损失。

提高信息共享速度和准确性

跨区域共享共用数据可以实现实时传递和更新，确保各个部门和地区拥有最新的数据库。因此，当灾害事故发生时，各级政府和救援机构可以迅速了解情况，并采取相应的行动。如果存在信息孤岛，信息的传递可能会延迟或受到干扰，从而导致协调困难和资源浪费。

加强资源共享和优化配置

跨区域共享共用数据可以提高资源的可见性和可用性。例如，通过共享物资装备数据，各地可以了解到哪些地区拥有哪些特定物资及其存放点。因此，在灾害发生时，相关物

第三篇
产业升级——数据要素提高新质生产力

资可以快速调配到需要的地区，避免资源短缺或重复投入。同样地，共享特种作业人员和安全生产经营许可数据，可以提高相关人员的辨识度和应急调动的效率。

强化监管执法和救援处置的协同联动

跨区域共享共用数据可以建立更高效的监管和救援机制。各级政府和执法机构可以共同使用同一个数据平台，及时更新各类监管和救援信息，实现信息共通和监管的一体化。因此，当有灾害事故发生时，各级政府和执法机构可以更好地协同联动，组织救援行动和处置工作。通过共享数据，各个部门可以更好地了解各自的职责和行动计划，减少冲突和混乱（图15-1）。

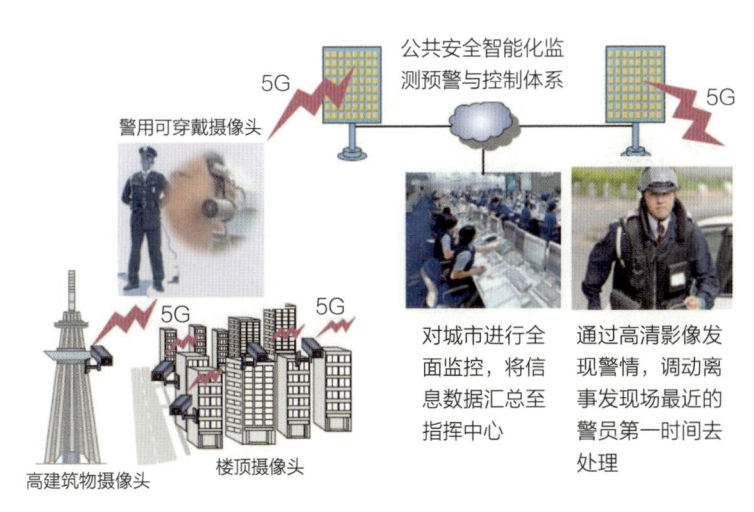

图15-1 监管执法和救援处置的协同联动

提高应急响应和决策的准确性

跨区域共享共用数据可以提供灾害事故的详细信息和实时动态，帮助决策者做出更准确的决策。通过共享数据，决策者可以了解灾害事故的范围和影响，从而制订相应的救援方案和资源调配计划。此外，通过共享特种作业人员和安全生产经营许可数据，决策者可以在灾害发生前预先筛选出合适的人员和企业，提前做好应急准备。

促进应急管理能力的提升

跨区域共享共用数据是应急管理能力的重要组成部分。通过建立共享平台和机制，各级政府和执法机构可以更好地了解其他地区的应急管理经验和做法，借鉴和学习他们的成功经验。同时，通过共享数据，各级政府和执法机构可以更好地了解和评估自己的应急管理能力，发现不足之处，并及时进行改进。

第十六章 数据要素 x 气象服务

在气象服务领域,数据要素发挥了重要作用。通过收集和分析大量的气象数据,相关人员可以提高天气预报的准确性和时效性,帮助人们做出更准确的防灾减灾决策。数据要素还可以提供气象变化的长期趋势分析,帮助科学家研究气候变化和全球变暖等问题。此外,数据要素还可以优化农业、航空、能源等领域的气象应用,提高生产效率和资源利用效率。

第一节
实现智能决策新模式,
降低极端天气气候事件造成的影响

支持经济社会、生态环境、自然资源、农业农村等数据与气象数据融合应用,能够实现集气候变化风险识别、风险评估、风险预警、风险转移的智能决策新模式,既能够降低极端气候事件造成的影响,又能够防范化解重点行业和产业的气候风险。这些举措有助于提高社会应对气候变化的综合能力,降低灾害造成的损失,促进可持续发展。

增强数据整合和分析能力

将多种类型的数据融合在一起，可以提供更全面、更深入的洞察。通过整合气象数据和经济、环境、自然资源、农业农村等数据，政府和相关部门可以更准确地识别和评估各种风险因素，包括气候变化对不同领域的影响。这种整合和分析能力有助于制定更精确的决策，从而降低风险。

提高风险识别和预警能力

融合应用不同领域的数据可以提高风险识别的准确性。例如，通过分析农业农村数据和气象数据，政府和相关部门可以更早地发现作物生长和土壤条件的变化，从而提前预警可能的气候变化对农业的影响。同样地，融合生态环境和气象数据可以提高对环境污染和气候变化之间关联性的认识。这种预警有助于人们采取及时、有效的应对措施，降低灾害造成的损失。

优化资源配置和决策制定

融合应用不同领域的数据可以提高资源配置的效率。例如，通过整合气象数据和交通数据，政府和相关部门可以预测道路拥堵情况并提前制订解决方案。类似地，融合自然资源数据和气象数据可以帮助政府和相关部门更有效地规划和分配资源，如水资源。这样可以减少资源浪费，提高资源利用效率。

提升风险管理水平

通过融合应用多种数据，政府和相关部门可以更好地防范化解重点行业和产业的潜在气候风险。例如，通过对重点行业和产业的气候风险进行评估，政府和相关部门可以识别出高风险区域和行业，并采取相应的措施降低这些风险。同时，通过实时监测和分析气象数据，政府和相关部门可以采取预防措施来减轻灾害造成的影响，如提前制订应急预案和救援计划。

促进跨部门合作和信息共享

融合应用不同领域的数据需要跨部门合作和信息共享。建立跨部门的数据共享机制可以促进各部门之间的沟通和协作，共同应对气候变化带来的挑战。这种合作有助于提高应对气候风险的效率和质量，降低灾害导致的损失和社会影响。

第二节
从源头防范和减轻极端天气和不利气象条件对规划和工程的影响

支持气象数据与城市规划、重大工程等建设数据深度融合，能够从源头防范和减轻极端天气和不利气象条件对规划和工程的影响。这些举措有助于提高城市规划和重大工程建设的科学性和安全性，降低安全隐患和灾害导致的损失，促进可持续发展。

提高规划决策的科学性

通过融合气象数据和城市规划数据，政府和相关部门可以提供更全面、准确的气候信息，帮助决策者制定更科学的城市规划和重大工程建设方案。通过了解当地的气候特征和极端天气发生规律，相关单位可以更好地评估规划和工程对气候的敏感性，从而采取相应的措施降低风险。

优化设计和施工方案

融合气象数据和建设数据，可以给相关单位提供更具体、更详细的气象信息，帮助设计和施工单位制订更合理、更安全的规划和施工方案。例如，在设计和施工桥梁、隧道等重大工程时，需要考虑当地的气候条件和极端天气。通过深度融合气象数据，可以更准确地预测和评估这些影响，从而优化设计和施工方案，消除安全隐患。

提升建设工程的耐久性和适应性

融合气象数据和建设数据可以帮助工程建设单位提升工程质量和耐久性，使其在不利气象条件下仍能保持良好的性能。例如，通过分析气象数据和建筑材料数据，相关单位可以了解不同建筑材料在不同气候条件下的耐久性，从而选择更合适的建筑材料。此外，通过了解当地的气候变化规律，相关单位可以制订更合理的维护和保养计划，延长工程的使用寿命。

实现精准预警和应急响应

深度融合气象数据和建设数据，可以实现精准的气象预警和应急响应。例如，在重大工程建设现场，可以通过实时监测气象数据来提前预警极端天气对现场施工的影响，并采取相应的应对措施。同时，建立跨部门的信息共享机制，及时传递预警信息，协调各方资源，共同应对灾害。

促进跨部门合作和信息共享

融合气象数据和建设数据需要跨部门合作和信息共享。建立相应的机制和平台，可以促进各部门之间的沟通和协作，共同应对极端天气和不利气象条件带来的挑战。这种合作有助于提高面对极端天气时工作的效率和质量，降低灾害造成的损失和社会影响。

第三节
创新气象数据产品服务

支持金融企业融合应用气象数据能够为保险、期货等提供精细化风险管理工具，促进金融创新和风险管理水平的提升，降低风险，提高竞争力。这些举措有助于促进金融业的可持续发展，降低灾害损失和社会影响。

提高气象数据产品服务的多样性和针对性

金融企业对气象数据的需求与普通公众或一般企业不同。融合应用气象数据可以提供更准确、更精细的气象数据产品服务，满足金融企业的特定需求。这种定制化的服务有助于提高数据产品的针对性和实用性，降低风险，提高金融企业的竞争力。

增强风险评估和管理的有效性

金融企业高度依赖风险评估和管理。通过融合应用气象数据，金融企业可以更准确地评估市场风险、信用风险和操作风险等。例如，天气指数保险和天气衍生品是利用气象数据开发的保险产品，可以有效地管理天气和气候风险。而金融企业通过应用气象数据，可以更准确地评估这些产品的风险和收益，为投资者提供更可靠的投资决策支持。

促进金融创新和风险管理水平的提升

融合应用气象数据可以促进金融创新和风险管理水平的提升。通过开发新的天气指数保险、天气衍生品和气候投融资产品，金融企业可以满足市场的多元化需求，提高金融市场的活力和效率。同时，这些创新产品有助于降低金融业对特定行业的依赖性，提高其抗风险能力。

为保险、期货等提供精细化风险管理工具

气象数据在保险和期货等领域的应用非常广泛。通过融合应用气象数据，金融企业可以为保险业提供精细化风险管理工具，如天气指数保险等。这些产品可以降低保险公司的风险，提高其市场竞争力。同时，天气衍生品和气候投融资新产品可以为期货市场提供新的投资工具和风险管理手段。这些工具有助于提高市场的稳定性和效率，促进期货市场的健康发展。

加强跨部门合作和信息共享

支持金融企业融合应用气象数据需要加强跨部门合作和信息共享。建立相应的机制和平台，可以促进各部门之间的沟通和协作，共同应对气候变化带来的挑战。这种合作有助于提高应对气候风险的效率和质量，降低灾害造成的损失和社会影响。

第四节
优化选址布局、设备运维、能源调度

支持风能、太阳能企业融合应用气象数据能够优化选

址布局、设备运维、能源调度等，提高风能、太阳能发电的效率和可靠性，降低运营成本，促进产业发展。这些举措有助于提高风能、太阳能企业的市场竞争力，推动产业可持续发展。

提高选址布局的科学性

风能、太阳能企业对选址布局的要求非常高。通过融合应用气象数据，风能、太阳能企业可以更准确地评估选址地的气候条件和资源潜力，从而优化选址布局。例如，通过分析当地的风资源和太阳辐射数据，风能、太阳能企业可以评估风电场和太阳能电站的发电潜力，为选址提供科学依据。

提高设备运维效率

风能、太阳能企业需要对设备进行持续运维。通过融合应用气象数据，风能、太阳能企业可以更准确地预测设备的运行状态和潜在故障，从而提高设备运维效率。例如，通过实时监测气象数据，风能、太阳能企业可以预测风电场和太阳能电站的发电量和设备运行状态，为运维提供决策支持。

优化能源调度策略

风能、太阳能发电受气象条件影响较大，能源调度需要根据气象数据进行动态调整。通过融合应用气象数据，风能、太阳能企业可以更准确地预测风电场和太阳能电站的发电量和发电效率，从而优化能源调度策略。例如，电力调度部门可以根据气象预报，合理调配风能、太阳能等可再生能源的发电量，提高能源利用效率（图16-1）。

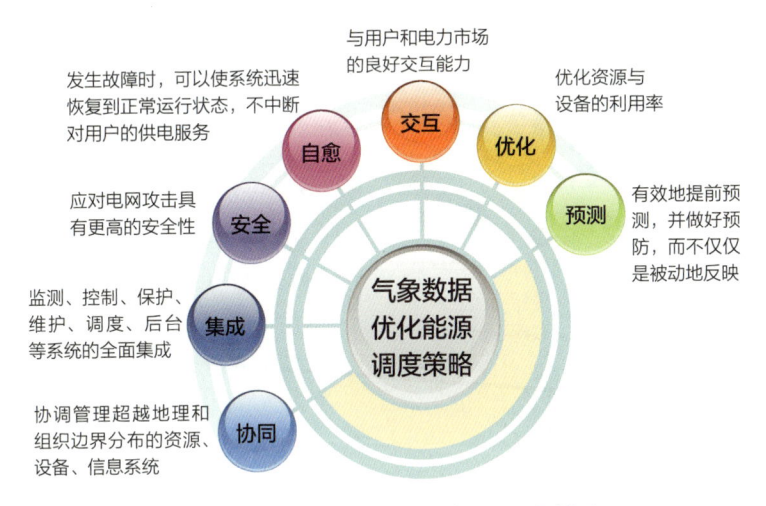

图 16-1　气象数据优化能源调度策略

降低运营成本

风能、太阳能企业需要降低运营成本，提高市场竞争力。通过融合应用气象数据，风能、太阳能企业可以提高设备运维效率和能源调度策略，从而降低运营成本。例如，通过实时监测和分析气象数据，风能、太阳能企业可以预测风电场和太阳能发电站的发电量和设备运行状态，为运维和维护提供决策支持，降低运营成本（图16-2）。

图 16-2　预测风电场和太阳能发电站的发电量和设备运行状态

促进风能、太阳能产业的发展

支持风能、太阳能企业融合应用气象数据，可以促进风能、太阳能产业的发展。通过提供准确、及时的气象数据服务，风能、太阳能企业可以提高风能、太阳能发电的效率和可靠性，为产业发展提供有力支持。同时，融合应用气象数据可以推动风能、太阳能企业的产品升级，提高市场竞争力。

第十七章 数据要素 x 城市治理

在城市治理领域,数据要素可以发挥重要作用。通过收集和分析城市的各种数据,可以实时监测城市运行状态,帮助城市管理人员做出更科学、有效的决策。例如,可以通过分析交通流量、空气质量等数据,优化城市交通和环境管理;通过分析人口流动、社会治安等数据,提高城市公共安全管理水平;通过分析城市基础设施、公共服务等数据,提升城市服务质量和效率。数据要素还可以帮助城市管理人员预测和预防潜在的问题和风险,实现智慧城市建设。

第一节
优化城市管理方式

推动城市人、地、事、物、情、组织等多维度数据融通,有助于公共卫生、交通管理、公共安全、生态环境、基层治理、体育赛事等各领域场景应用。这种数据融通可以实现态势实时感知、风险智能研判、及时协同处置,优化城市管理方式,提高城市管理的效率和质量,为城市的可持续发展提供有力支持,推动城市向智慧城市发展(图 17-1)。

城市 1.0

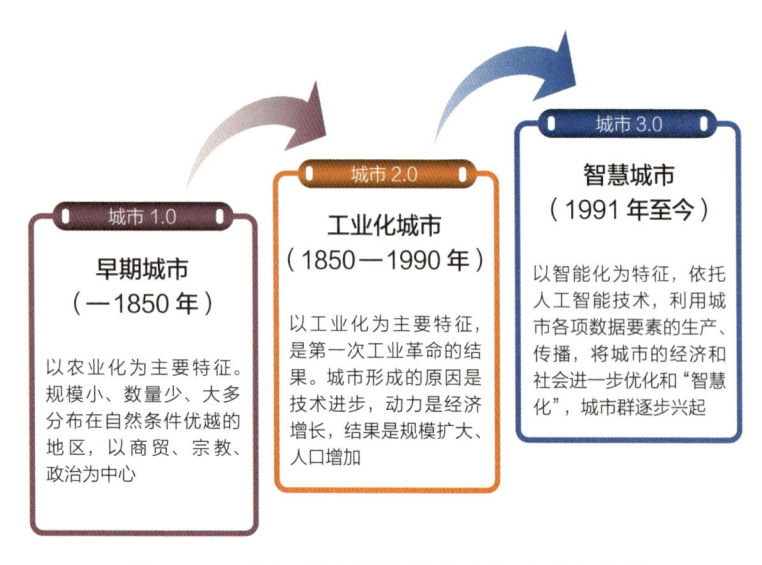

早期城市
（—1850 年）

以农业化为主要特征。规模小、数量少、大多分布在自然条件优越的地区，以商贸、宗教、政治为中心

城市 2.0

工业化城市
（1850—1990 年）

以工业化为主要特征，是第一次工业革命的结果。城市形成的原因是技术进步，动力是经济增长，结果是规模扩大、人口增加

城市 3.0

智慧城市
（1991 年至今）

以智能化为特征，依托人工智能技术，利用城市各项数据要素的生产、传播，将城市的经济和社会进一步优化和"智慧化"，城市群逐步兴起

图 17-1　数据要素推动城市向智慧城市发展

提高城市管理的全面性和精准性

城市管理涉及多个领域和方面，包括公共卫生、交通管理、公共安全、生态环境、基层治理、体育赛事等。通过推动多维度数据融通，可以实现各领域的信息共享和数据整合，提高城市管理的全面性和精准性。例如，通过整合人口数据、地理数据、事件数据等，可以更准确地了解城市的运行状况，为决策者提供全面、准确的信息支持。

实现态势实时感知

推动多维度数据融通可以实现城市态势的实时感知。通过整合不同领域的数据，可以实时监测城市的运行状态，及时发现和响应各种问题和风险。例如，通过融合交通数据、气象数据、人口数据等，可以实时监测城市的交通状况，及时调整交通管制措施，提高交通管理的效率和安全性（图 17-2）。

智能交通

缓解拥堵
智能信号控制系统及时调整信号时长；诱导系统结合流量数据对车辆进行分流。

减少事故
事故多发路段提前预警；对驾驶员疲劳程度智能监控；前后左右车辆状况感知，降低交通事故发生率。

协同指挥
跨部门统一调度、协同指挥，对于突发事故第一时间响应、救援，防止后续交通堵塞。

智能引导
实时提示路况，规划避免拥堵路线，提示停车场位置及停车泊位使用情况。

图 17-2 数据要素提高交通管理的效率和安全性

提高风险研判的智能化水平

推动多维度数据融通可以提高风险研判的智能化水平。通过整合各类数据，可以建立智能化的风险研判模型，实现对城市风险的自动化、智能化识别和评估。例如，通过分析公共卫生数据、生态环境数据等，可以建立疫情传播和环境污染的预测模型，为相关部门提供科学、准确的风险预警和决策支持。

促进协同处置和应急响应

推动多维度数据融通可以促进事件协同处置和应急响应。通过整合各类数据，可以实现各部门之间的信息共享和资源协同，提高应急响应的效率和效果。例如，在公共卫生事件发生时，可以通过共享人口数据、地理数据等，实现对受影响区域的快速封控和资源调配，提高应急处置的效率和效果。

优化城市管理方式

推动多维度数据融通可以优化城市管理方式。通过整合各类数据，可以建立基于数据驱动的城市管理模式，实现对城市运行的智能化调控和优化。例如，通过分析交通数据、人口数据等，可以智能调控交通信号灯、公交线路等，提高城市运行的效率和质量。

第二节
支撑城市发展科学决策

支持用好城市时空基础、资源调查、规划管控、工程建设项目、物联网感知等数据，能够助力城市规划、建设、管理、服务等策略精细化、智能化，支撑城市发展科学决策。这些举措有助于提高城市管理的效率和质量，促进城市可持续发展，保障公共安全和社会稳定。

提高城市规划的科学性

城市规划是一个复杂的系统工程，需要考虑多方面的因素。通过充分利用城市时空基础、资源调查、规划管控等数据，可以更准确地了解城市的发展状况、资源分布和规划需求，从而制订更科学合理的城市规划方案。例如，基于城市时空基础数据，可以对城市的空间结构和人口流动进行深入研究，从而更好地规划城市交通、住宅和公共设施等。

促进城市建设精细化管理

城市建设涉及大量的工程建设项目和物联网感知数据。通过充分利用这些数据，可以实现对城市建设的精细化管理。例如，通过物联网感知数据，可以实时监测城市基础设施的运行状况，及时发现和解决问题。同时，通过分析工程建设项目数据，可以对城市发展质量和效益进行科学评估，从而提高城市建设的整体水平。

提升城市管理和服务水平

城市管理和服务是城市发展的重要保障。通过充分利用城市时空基础、资源调查、规划管控等数据，可以提高城市管理和服务水平。例如，基于城市时空基础数据，可以对城市人口流动、商业等进行实时监测，从而更好地规划城市商业和服务设施。同时，通过资源调查数据，可以对城市水、土地、矿产等资源进行科学管理，提高资源利用效率。

支撑城市发展科学决策

城市发展决策需要依据大量的数据支持。通过充分利用城市时空基础、资源调查、规划管控等数据，可以为城市发展决策提供科学依据。例如，基于城市时空基础数据，可以对城市发展趋势、人口流动等进行深入研究，从而制定更符合实际的城市发展政策。同时，通过资源调查数据，可以对城市资源供应和需求进行科学分析，为城市发展决策提供重要参考。

保障公共安全和社会稳定

城市公共安全和社会稳定是城市发展的重要基础。通过充分利用城市时空基础、资源调查、规划管控等数据，可以提高公共安全和社会稳定的保障水平。例如，基于城市时空基础数据，可以对城市安全风险进行科学评估，从而制定更有效的安全风险防范措施。同时，通过资源调查数据，可以对城市公共安全资源进行合理配置，提高公共安全资源的利用效率。

第三节
推进公共服务普惠化

深化公共数据的共享应用能够推进公共服务的普惠化，深入推动就业、社保、健康、卫生、医疗、救助、养老、助残、托育等服务的"指尖办""网上办""就近办"。这种应用能够提高公共服务的便捷性和效率，扩大公共服务的覆盖面和普惠性，提升公共服务的个性化和精准性，支持政府决策的科学化和精细化，促进政府与社会的互动和合作。这些举措有助于推动社会的现代化、数字化进程，提升城市的发展科学决策水平。

提高公共服务的便捷性和效率

公共数据的共享应用可以实现公共服务的线上化、数字化，提高服务的便捷性和效率。通过共享公共数据，可以将服务信息和资源整合在一个平台上，使公众可以在"指尖"上办事。例如，通过网上办公的方式，公众可以随时随地通过互联网申请就业、社保、健康等服务，避免了传统办理的时间和地点限制。

扩大公共服务的覆盖面和普惠性

公共数据的共享应用可以扩大公共服务的覆盖面和普惠性。通过共享公共数据，可以将公共服务的信息和资源扩展到更广泛的群体中。例如，可以通过"指尖办"和"网上办"将就业、社保等服务的信息传达给更多的群众，包括在偏远地区的群众或特殊群体。

提升公共服务的个性化和精准性

公共数据的共享应用可以实现公共服务的个性化和精准化。通过共享公共数据，可以更好地了解公众的需求和特点，从而提供更贴近用户需求的个性化服务。例如，通过充分应用公共数据，可以根据用户个人的健康状况和医疗需求，提供个性化的医疗健康服务，为每个用户量身定制最合适的方案。

支持政府决策的科学化和精细化

公共数据的共享应用可以为政府决策提供科学依据，推动决策的精细化。通过共享公共数据，可以从多个维度收集、整合以及分析数据，对就业、社保、健康等领域的问题进行深入研究，为政府提供科学决策的支持。例如，通过分析就业数据和人口数据，可以为政府制定就业政策提供准确的科学建议。

促进政府与社会的互动和合作

公共数据的共享应用能够促进政府与社会的互动和合作。通过数据的共享，政府可以更好地了解和回应公众的需求，提升政府与社会的沟通和合作关系。例如，通过共享就业、救助、养老等数据，政府可以与社会组织、公益机构等共同推动就业、救助和养老服务的开展，实现资源的共享和互补。

第四节
提升区域协同治理水平

推动城市群数据打通和业务协同能够实现经营主体注册登记、异地就医结算、养老保险互转等服务事项的跨城通办，同时提升区域协同治理水平。这些举措有助于提高服务的便利性和效率，促进资源的优化配置和利用，推动区域经济的协同发展，实现治理和服务的一体化，提高区域协同治理的水平。这将进一步推动城市群的可持续发展，提升城市的整体竞争力和发展潜力。

提高服务的便利性和效率

城市群数据打通和业务协同可以打破行政边界，实现服务的跨城通办。例如，经营主体在城市群范围内只需完成一次注册登记，即可在各个城市自由开展经营活动，免去了跨区注册的烦琐程序。同样地，异地就医结算和养老保险互转等服务也能够在城市群范围内实现一次办理、多地通用，提高了服务的便利性和效率。

促进资源的优化配置和利用

通过城市群数据打通和业务协同，各个城市的资源可以更加有效地进行优化配置和利用。例如，医疗资源的合理配置可以实现异地就医结算，使居民在城市群内享受更广泛的医疗服务。同样地，养老保险的互转也能够实现养老资源的共享和利用，提高养老服务的覆盖面和质量。

推动区域经济的协同发展

城市群数据打通和业务协同可以推动区域经济的协同发展。通过实现经营主体的跨城注册、异地就医结算、养老保险互转等服务，可以消除城市间的经济壁垒，促进资源的自由流动和有序分工，推动区域经济一体化发展。这种协同发展能够优势互补，形成整体效应，提高整个城市群的经济竞争力和发展潜力。

实现治理体系和服务体系的一体化

城市群数据打通和业务协同有助于实现治理体系和服务体系的一体化。通过统一的数据共享平台和信息流通机制，可以实现治理体系的统一协调和衔接。同时，通过业务协同，可以打破各部门之间的壁垒，建立协同工作机制，提供更加全面、高效的服务。这种一体化将促进治理体系和服务体系的整体效能提升，实现区域治理的协同性和可持续性。

提高区域协同治理的水平

城市群数据打通和业务协同对于区域协同治理具有重要意义。通过深入协同共享数据,各城市能够更好地了解和应对区域面临的共同挑战,共同制订解决方案。例如,在疫情防控中,通过城市群数据打通和业务协同,可以实现疫情信息的及时共享和联防联控,提高区域的防控能力和响应效率。

第十八章 数据要素 x 绿色低碳

数据要素在绿色低碳领域中可以发挥重要作用。首先，数据可以帮助企业实现能源消耗的监测和分析，从而找到节能减排的潜在机会。其次，数据要素可以帮助建立碳排放数据分析模型，帮助企业准确预测未来碳排放趋势，并制订相应的减排计划。此外，数据还可以用于智能城市建设，通过实时收集和分析各种环境数据，优化城市规划和交通管理，减少能源消耗和碳排放。

第一节
提升生态环境治理精细化水平

在生态环境治理中充分利用大数据技术，需要建立统一的数据平台，加强数据共享与整合，引入智能算法和模型，建立环境预测和管控模型，提升智能化应急响应和管理能力，促进政策制定和智慧治理。通过这些措施，能够在精细化的环境管理中，提供准确的预测和预警，优化资源配置，快速响应突发事件，实现共同富裕的目标（图18-1）。

第三篇
产业升级——数据要素提高新质生产力

1. **智能监控大数据平台体系、智能环境监测网络和服务平台**
   建立涵盖大气、水、土壤等环境领域的智能监控大数据平台体系，建成陆海统筹、天地一体、上下协同、信息共享的智能环境监测网络和服务平台。
2. **智能预测模型方法和预警方案**
   研发资源能源消耗、环境污染物排放智能预测模型方法和预警方案。
3. **智能防控体系建设**
   加强京津冀、长江经济带等国家重大战略区域环境保护和突发环境事件智能防控体系建设。

图 18-1　环境预测和管控模型提升智能化应急响应和管理能力

数据收集与共享

1. 建设环境数据平台

建立一个统一、多源、多维度的环境数据平台，收集气象、水文、地质、空气质量等相关环境数据，并通过信息化技术实现数据的实时监测和采集。

2. 加强多部门数据共享

各相关部门应加强数据共享，消除数据孤岛现象，通过数据共享与整合，建设环境数据的一体化平台。

3. 引入云计算和大数据技术

利用云计算和大数据技术，实现海量、异构数据的高效存储、处理和分析，为环境治理提供强大的计算和分析能力。

智能算法与模型

1. 建立环境预警和预测模型

通过数据分析和挖掘技术，建立精细化的环境预警和预测模型，用于预测和预警气象灾害、水污染事件等，并提供预防和应急措施。

2. 引入机器学习和人工智能算法

结合机器学习和人工智能算法，对环境数据进行实时处理和分析，提供精确的受灾分析、岸线监测、重污染天气应对等决策支持。

3. 建立环境评估和管控模型

通过数据融合和模型建立，实现对城市水环境、空气质量等的精细化监测和管理，为决策者提供科学的环境管控措施。

应急响应与管理

1. 建立应急管理平台

通过大数据技术，建立突发事件应急管理平台，实现对突发事件的实时监测、预警和处置。

2. 引入智慧城市技术

将数据要素与智慧城市技术相结合，构建智能监测系统，实现对环境和交通的精准感知，并快速响应和处置突发事件。

3. 利用无人机和遥感技术

结合无人机和遥感技术，进行河湖岸线监测、污染源追踪等工作，实现对环境的全面监管和快速响应。

政策制定与智慧治理

1. 数据驱动的决策制定

通过数据要素分析和挖掘，为决策者提供科学的环境治理建议，优化政策的有效性和针对性。

2. 引入区块链技术

应用区块链技术，加强数据的安全性和可信度，实现数据共享的可追溯性和透明性，提高环境治理的效率和合规性。

3. 推动数字城市建设

以数字城市为基础，建立环境信息和治理的全方位系统，实现对环境的全面监管和智慧治理。

第二节
促进制造与能源数据融合创新

数据要素在提升能源利用效率，促进制造与能源数据融合创新方面发挥着重要作用。它不仅有助于提高企业的生产效率和市场竞争力，还有助于推动整个社会的绿色可持续发展。因此，我们应该积极探索数据要素在能源领域的应用，以更好地服务社会和人民。

数据驱动的能源需求预测与优化配置

可以通过对历史和实时数据的分析，精确预测能源需求。这不仅有助于企业提前做好能源储备，避免能源供应中断，还能根据实际需求调整能源使用策略，降低能源浪费。此外，数据要素还能分析各种能源品种的特性，优化其配置，提高能源利用效率。

提高能源生产与使用的智能化水平

数据要素能够连接能源生产、消费、销售的各个环节，实现数据的高效流通。通过运用物联网、人工智能等先进技术，企业可以实时监控能源设备的运行状况，及时发现并处理问题，提高设备使用效率。此外，还能分析用户行为数据，提供个性化的能源使用建议，提高能源使用的智能化水平。

促进制造与能源产业的融合创新

数据要素可以促进制造与能源产业的深度融合，推动产业间的创新。通过数据共享和整合，企业可以更全面地了解产业链各环节的运行情况，发现潜在的问题和机会。这有助于企业优化生产流程，提高产品质量，降低生产成本。同时，数据要素还能促进企业间的合作，共同研发更高效、环保的能源技术，推动整个产业的创新发展。

优化能源投资决策，推动绿色能源发展

数据要素可以为企业提供丰富、准确的行业数据，帮助企业做出科学的投资决策。通过对绿色能源发展的趋势分析，企业可以更清晰地看到绿色能源投资的价值和潜力，从而加大对绿色能源的投资力度，推动绿色经济的发展。

提升能源安全与稳定

数据要素可以通过对历史数据的分析，预测能源市场的变化趋势，帮助企业提前做好应对措施，提升能源安全与稳定。此外，数据要素还能帮助企业识别并解决能源供应中的潜在问题，确保能源供应的连续性。

第三节
提升废弃资源利用效率

用好固体废物各环节数据对于提升废弃资源利用效率、促进产废、运输、资源化利用高效衔接具有重要意义。这不仅可以提高资源的利用效率，减少资源的浪费和环境污染，还可以促进绿色经济的发展和可持续发展目标的实现。因

此，我们应该加强对固体废物数据的管理和应用，推动固体废物管理的科学化和智能化，以更好地服务社会和人民（图 18-2）。

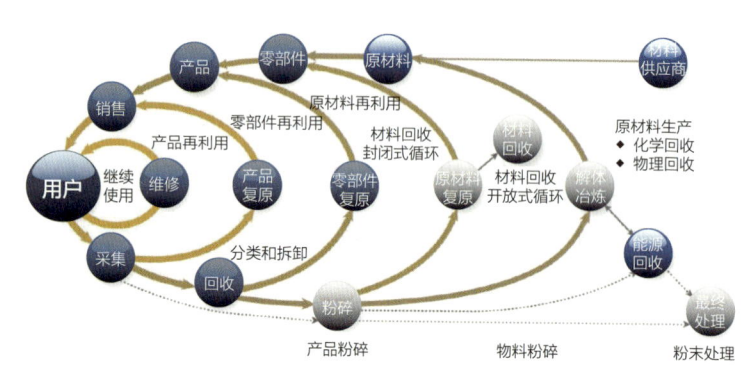

图 18-2 提升废弃资源利用效率

数据收集与分析能够提高废弃资源利用效率

通过收集固体废物各环节的数据，包括产废情况、运输过程、资源化利用情况等，可以对废弃资源利用的实际情况有更全面的了解。通过对这些数据的分析，可以发现资源化利用中的问题和瓶颈，从而采取相应的措施加以解决，提高废弃资源的利用效率。

数据驱动的决策能够促进产废、运输、资源化利用高效衔接

通过对固体废物各环节数据的分析，可以建立科学的数据驱动的决策模型，为产废、运输、资源化利用等环节的高效衔接提供科学依据。通过对数据的分析，可以预测未来的资源需求和供应情况，制定相应的资源化利用策略，优化资源配置，提高资源利用效率。

数据共享与合作能够推动固废、危废资源化利用的发展

通过数据共享和合作，可以促进不同领域的企业和机构之间的合作，共同研发更高效、环保的废弃物资源化利用技术和设备，推动固废、危废资源化利用的发展。此外，数据共享还可以加强政府、企业和社会公众之间的信息沟通，形成全社会共同参与的废弃物资源化利用体系。

当然，在利用固体废物数据时，还需要注意数据的安全性和隐私保护。固体废物数据涉及大量的个人信息和商业机密，因此需要采取相应的措施来保护数据的隐私和安全，确保数据的合法合规使用。同时，还需要加强对数据的监管和管理，确保数据的真实、准确和完整，以保障固体废物管理的科学、高效和可持续。

第四节
提升碳排放管理水平

打通关键产品全生产周期的碳排放数据以及行业碳足迹数据，可以为碳排放管理提供全面的数据支持，帮助发现碳

排放管理的瓶颈和问题，支持碳排放管理的决策，促进碳排放管理的合作和交流，推动碳排放管理的创新，从而提升碳排放管理水平。

数据是管理的基础和依据

通过打通关键产品全生产周期的碳排放数据，可以全面、准确地了解产品在生产过程中产生的碳排放情况，为碳排放管理提供详细的数据支持。

数据可以帮助发现碳排放管理的瓶颈和问题

通过对碳排放数据的分析，可以找出生产过程中的碳排放热点和关键环节，从而有针对性地采取措施降低碳排放。

数据可以支持碳排放管理的决策

通过碳排放数据的分析和应用，可以评估不同的生产方案和碳排放管理措施的效果，从而做出更科学、合理的决策。

数据可以促进碳排放管理的合作和交流

通过打通行业内部的碳排放数据，可以促进企业之间的碳排放管理合作和交流，共同提高碳排放管理水平。

数据可以推动碳排放管理的创新

通过对碳排放数据的挖掘和分析,可以发现碳排放管理的新机遇和新方法,从而推动碳排放管理的创新。

第四篇 CHAPTER 4

发展所需
——数据要素将赋能共同富裕

数据要素在数字协同、数字乡村和数字社会方面的应用，能够促进资源的优化配置、创新和公共服务的提升，从而实现共同富裕的目标。而数据要素的分析和应用可以帮助各方实现协同合作和共同受益，推动经济社会的全面发展，并实现共同富裕的目标。

数据要素 ×
开启数字经济促进共同富裕新阶段

第十九章　数字协同

通过整合和分析海量的数据要素，帮助不同企业、组织和个人之间实现信息共享和协同合作。通过数据的共享和协同，能够实现资源的优化配置和协同创新，提高生产效率和创造力，让各方都能够分享和受益，从而促进共同富裕。例如，数据要素的应用可以帮助供应链的各个环节更加高效地协同合作，提升整个供应链的效益。

第一节
形成共产经济创新模式

在传统经济时代，生产和消费的经济循环主要依赖于剩余价值的"减式循环"。具体来说，企业利用劳动力和资本等生产要素生产产品或提供服务，然后出售这些产品或服务获取利润，从而形成剩余价值。这些利润部分再被投入到生产和消费过程中，继续循环（图19-1）。

然而，这种经济模式存在一个根本性的问题，那就是供过于求可能会导致经济发展不畅通（图19-2）。

当市场上的产品或服务供应过剩时，价格下降，利润减少，企业利润受损，生产能力下降，进而导致失业增加，消

6. 市场消费
出资者购买生产资料再生产
无产者购买衣食住行产品

5. 无产收益
无产者获得
部分价值

4. 资本收益
出资者获得
剩余价值

1. 资本建立企业
生产资料拥有者
成立公司

2. 雇用劳工
无产者劳动
创造价值

3. 生产销售产品
市场化
生产变现

(市场经济循环模型)

图 19-1　供不应求时，经济循环畅通

6. 市场消费
出资者购买生产资料再生产
经济下滑企业家持币观望
无产者购买衣食住行产品
没有工资，现金购买需求疲软

5. 无产收益
无产者获得
部分价值
被智能设备替代无钱可赚

4. 资本收益
出资者获得
剩余价值

1. 资本建立企业
生产资料拥有者
成立公司

2. 雇用劳工
无产者劳动
创造价值
智能设备替代劳工

3. 生产销售产品
市场化
生产变现

(市场经济循环模型)

图 19-2　供过于求时，经济循环不畅

费降低，形成恶性循环。这时，经济无法持续发展，市场无法实现稳定。因此，为了解决这一问题，需要引入新的经济模式，将数据作为生产要素，推动构建经济的"加式循环"，实现新型社会经济的发展（图 19-3）。

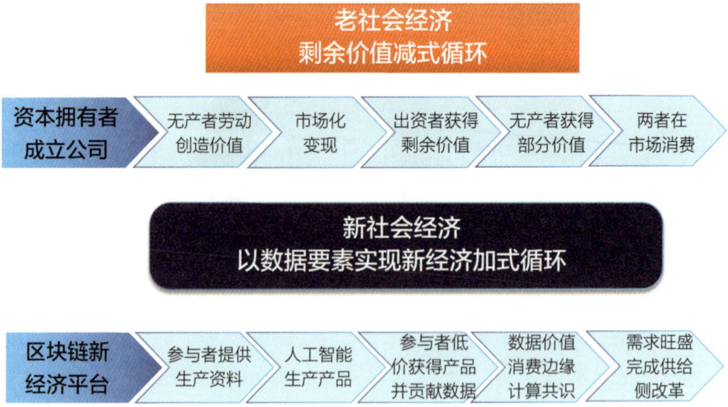

```
┌─────────────────────────┐
│      老社会经济          │
│   剩余价值减式循环       │
└─────────────────────────┘
资本拥有者 → 无产者劳动 → 市场化 → 出资者获得 → 无产者获得 → 两者在
成立公司     创造价值     变现     剩余价值     部分价值     市场消费

┌─────────────────────────────┐
│        新社会经济            │
│  以数据要素实现新经济加式循环 │
└─────────────────────────────┘
区块链新 → 参与者提供 → 人工智能 → 参与者低价 → 数据价值 → 需求旺盛
经济平台   生产资料     生产产品   获得产品并   消费边缘   完成供给
                                  贡献数据     计算共识   侧改革
```

图 19-3 数据要素解决人类未来社会经济面临的难题

将数据作为生产要素

数据作为一种新的生产要素，具有更高的产出效率和附加值。在传统经济时代，生产要素主要包括劳动力、资本和土地等，而在信息化时代，数据逐渐成为一种重要的生产要素。通过收集、分析和应用数据要素，企业可以更好地了解市场需求、优化产品设计、提高生产效率，从而实现更高的利润水平。数据的使用不仅可以创造新的商业模式和经济增长点，还可以为企业提供更多的发展机会和创新空间（图 19-4）。

用数据连接生产与消费

数据作为连接生产和消费环节的桥梁，实现资源优化配

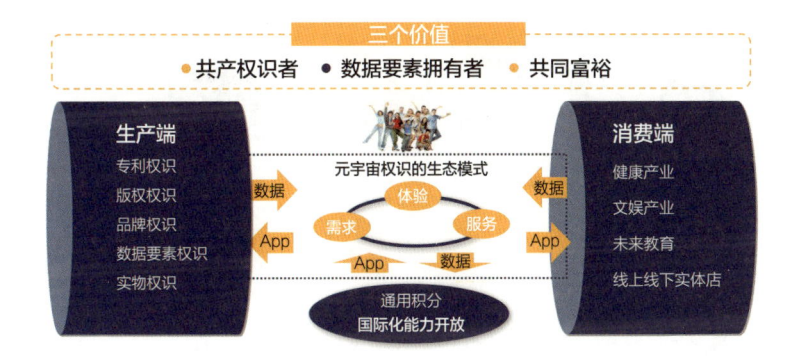

图 19-4　数据要素的共产生态模式

置和市场精准匹配。在传统经济时代，市场信息不对称、资源配置不均衡是造成供需不平衡的重要原因。随着大数据技术和人工智能的发展，企业可以通过数据分析来更好地了解市场需求、消费者行为等信息，实现生产的个性化定制和市场的精准匹配。通过对数据的应用，企业可以更好地预测市场变化、调整生产计划，提高资源利用效率和市场敏感度，从而实现资源的有效配置和经济的循环发展。由此，让产业链上下游各方均受益，从而实现共同富裕（图 19-5）。

将数据作为推动产业升级和转型的动力

数据作为推动产业升级和转型的动力，促进经济结构的优化和功能的增值。传统经济时代，产业结构单一、发展缓慢、创新不足，难以适应信息互联时代的快速发展和变化。引入数据作为生产要素，可以帮助企业实现数字化、智能

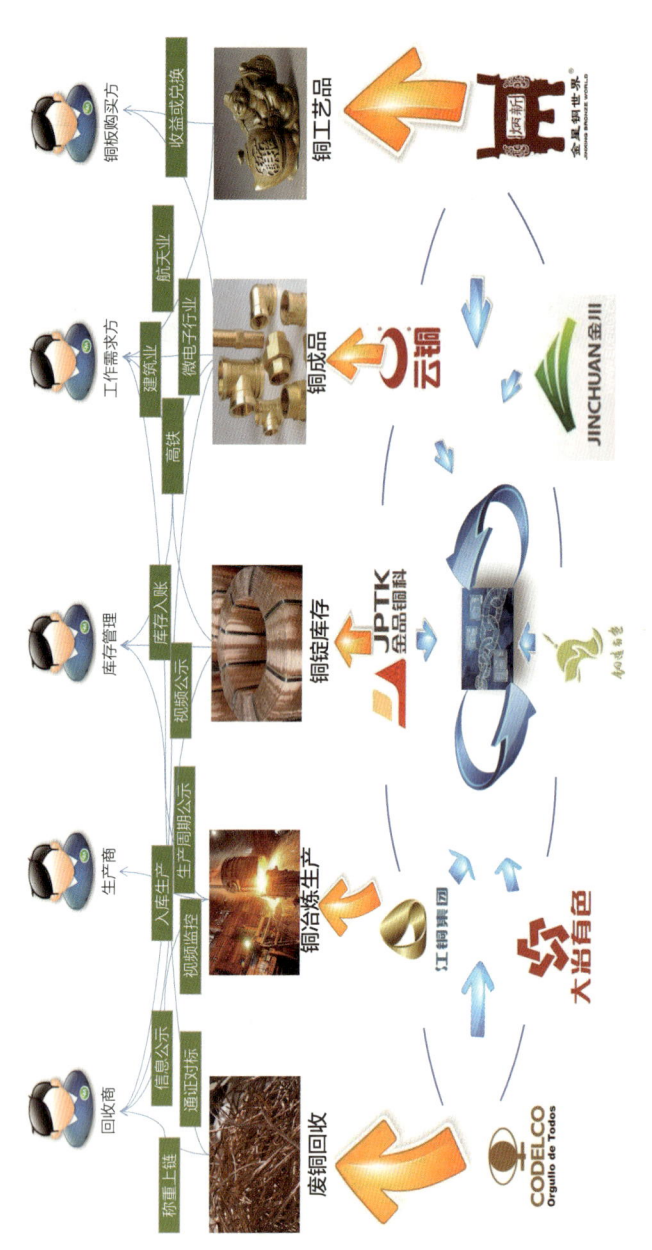

数据要素 ×
开启数字经济促进共同富裕新阶段

图 19-5 数据要素的共产经济创新案例

化、网络化、智能化的升级，实现产业链的延伸和价值链的延伸。通过数据的运用，企业可以更好地进行产品创新、服务升级，拓展市场领域、提升品牌价值，推动经济结构的优化和功能的增值。数据还可以促进不同产业之间的融合和协同，推动全球产业的转型和发展，形成新的经济增长点和竞争优势。

综上所述，数据作为一种新的生产要素，在当今信息化时代的经济发展中发挥着重要作用。数据要素通过推动企业创新、资源配置优化、产业升级，实现经济循环的"加式循环"，促进经济的可持续发展和社会的和谐进步。数据经济的兴起必将重塑全球经济格局，推动各国经济实现创新驱动、绿色可持续发展，成为未来社会经济发展的主要动力和基础支撑。

第二节
推进数字基础设施建设

推进算力、数据中心等数字基础设施建设，能够提升中小城市信息基础设施水平，弥合区域"数字鸿沟"，实现数字协同。

提升信息技术水平

算力和数据中心等数字基础设施直接关系到城市的信息

技术水平。通过推进数字基础设施建设，可以提供更强大的计算能力和数据存储能力，为中小城市提供更好的信息技术服务。这将有助于提升城市的科技创新能力和竞争力，推动产业升级和经济发展。

缩小城市间数字发展差距

中小城市在数字化程度上常常与大城市存在明显的差距。通过推进数字基础设施建设，可以弥合中小城市与大城市之间的"数字鸿沟"，缩小数字发展差距。数字基础设施的建设将提供更平等的信息和资源获取机会，使中小城市能够更好地参与到全球数字经济和数字化社会中。

促进城市间数字协同

数字基础设施的建设为城市间信息协同提供了基础。通过数字化互联，城市间可以实现信息共享、协同合作，形成数字协同效应。例如，中小城市可以利用共享的算力和数据中心设施，通过云计算和大数据分析等技术手段，开展跨城市的合作项目、共享资源，实现数字化经济发展的协同创新。

促进城市治理的智能化和精细化

数字基础设施的建设为城市治理提供了技术支撑。通过数字化技术和数据分析，城市可以实现对城市运行状况的实时感知和智能预测,从而优化城市治理的决策和行动。这有助于提高公共服务的效率和质量,实现城市治理的精细化和智能化。

提升城市的吸引力和竞争力

数字基础设施的建设可以提升中小城市的信息化水平,提高城市的吸引力和竞争力。数字基础设施的建设使得中小城市能够更好地吸引和留住创新型和数字化企业,促进产业发展和人才吸引。这将为城市带来更多的投资和就业机会,提升城市的经济发展和社会进步。

为此,我国政府将深入实施"东数西算"工程,加快推动全国一体化算力网建设。以 8 个国家算力枢纽、10 个国家数据中心集群为抓手,立体化实施"东数西算"工程,深化算网融合,强化网络支撑,推进算力互联互通,引导数据要素跨区域流通融合。组织实施云网强基行动,增强中小城市网络基础设施承载和服务能力,推进应用基础设施优化布局,提升中小城市信息基础设施水平,弥合区域"数字鸿沟"。这将提升中小城市的信息技术水平,缩小城市间的数字发展差距,促进城市间的数字协同合作,推进城市治理的智能化和精细化,提升中小城市的竞争力和吸引力。这对于实现城市可持续发展和数字化转型非常重要(表 19-1)。

表 19-1 "东数西算"工程

东西部	枢纽节点	规划集群	辐射范围
西部	贵州枢纽	贵安数据中心集群	以支持长三角、粤港澳大湾区等为主,积极承接东部地区算力需求
	内蒙古枢纽	和林格尔数据中心集群	为京津冀高实时性算力需求提供支援,为长三角等区域提供非实时算力保障
	甘肃枢纽	庆阳数据中心集群	重点服务京津冀、长三角、粤港澳大湾区等区域算力需求
	宁夏枢纽	中卫数据中心集群	积极承接东部算力需求
东部	京津冀枢纽	张家口数据中心集群	积极承接北京等地实时性算力需求,引导温冷业务向西部迁移,构建辐射华北、东北乃至全国的实时性算力中心
	长三角枢纽	长三角生态绿色一体化发展示范区数据中心集群、芜湖数据中心集群	积极承接长三角中心城市实时性算力需求,引导温冷业务向西部迁移,构建长三角地区算力资源"一体协同、辐射全域"的发展格局
	粤港澳大湾区枢纽	韶关数据中心集群	积极承接广州、深圳等地实时性算力需求,引导温冷业务向西部迁移,构建辐射华南乃至全国的实时性算力中心
	成渝枢纽	天府数据中心集群、重庆数据中心集群	平衡好城市与城市周边的算力资源部署,做好与"东数西算"衔接

第三节
推进产业链数字化发展

在当前的数字化时代,企业面临着日益激烈的竞争和挑战。传统的发展模式已经无法满足市场需求,而数字化转型是企业应对挑战、抓住机遇的关键。工业互联网平台作为一种新型的数字化基础设施,能够帮助企业实现生产过程的数字化、智能化和网络化,提高生产效率、降低成本、提升产品质量和竞争力。

产业链上中下游企业构成共同利益

产业链上中下游的企业在生产、销售、物流、研发等方面有着密切的联系和协同。基于数据要素的流通,可以实现信息的实时共享和资源的优化配置,促进产业链的协同发展。这意味着企业可以更好地了解市场需求、提高供应链效率、降低库存成本,同时也能够加快产品研发、创新和推广(图 19-6)。

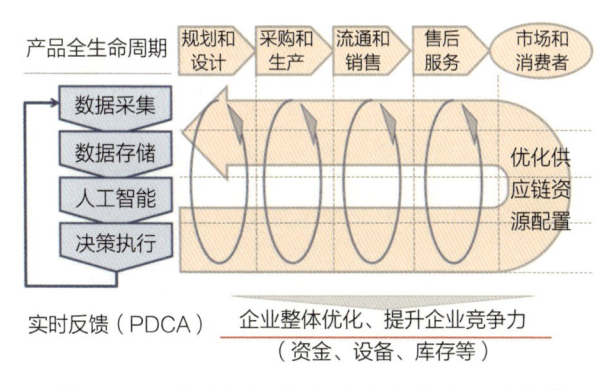

图 19-6 基于数据要素的产业链的协同发展

数据要素 ×
开启数字经济促进共同富裕新阶段

打破信息壁垒，实现数据驱动的决策

工业互联网平台能够打通产业链上中下游企业的数据壁垒，实现数据共享和互通。这使得企业能够更好地了解市场趋势、消费者需求和竞争状况，从而做出更加科学、精准的决策。同时，数据驱动的决策也能够帮助企业提高生产效率、优化资源配置、降低风险和成本（图 19-7）。

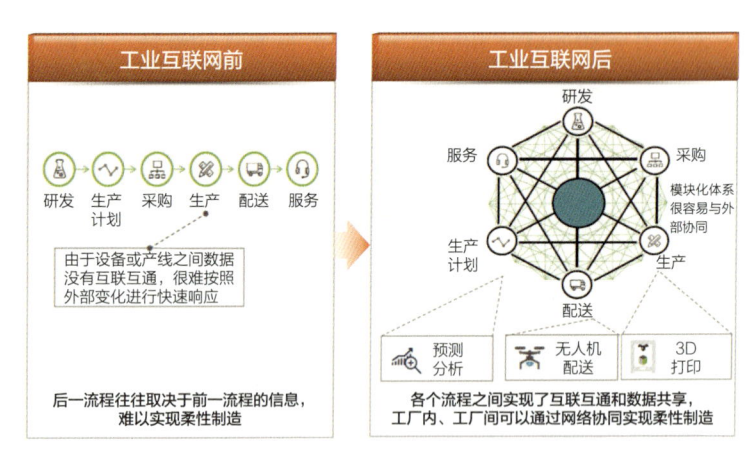

图 19-7 工业互联网平台能够打通产业链上中下游企业的数据壁垒

大中小企业具有深度合作的潜力

工业互联网平台不仅可以帮助大企业提高生产效率、降低成本，也能够为中小企业提供更多的机会和发展空间。通过工业互联网平台，中小企业可以参与到产业链的各个环节，获得更多的市场机会和资源支持。这有助于激发整个产业链的活力和创新能力，实现大中小企业之间的深度合作和共赢。

构建数字化生态圈

产业链上中下游企业以工业互联网平台为载体，可以构建一个数字化生态圈。在这个生态圈中，各个企业通过数据共享和协同合作，实现资源的优化配置和价值的最大化。这种数字化生态圈不仅能够提高整个产业链的竞争力和创新能力，也能够为企业带来更多的商业机会和社会效益。

未来，产业链上中下游的企业以工业互联网平台为载体，可以形成产业链数字化发展，打通大中小企业深入合作的生态。这有助于企业实现数字化转型、提高生产效率、降低成本、增强竞争力，同时也能够激发整个产业链的活力和创新能力，实现大中小企业之间的深度合作和共赢。因此，工业互联网平台在产业链上中下游企业之间的作用不容忽视，对于推动数字化转型和构建新型生态具有重要意义。

同时，我国政府将支持互联网平台企业依托自身优势，推动反向定制，大力发展数字文化产业，拓展智慧旅游应用，推动一二三产业融合发展，为中西部地区和东北地区发挥自然禀赋优势，带动就业创业、促进增收创造条件。

促进一二三产业融合发展

互联网平台企业的发展具有集成、整合和连接多产业的特点。通过推动反向定制和数字文化产业的发展，可以促进一二三产业的融合发展。例如，通过将数字技术和文化产业相结合，可以为旅游业、文化创意产业带来创新业态，同时为其他行业带来数字化转型和升级。

推动数字文化产业的发展

数字文化产业是创意产业的重要组成部分，具有广阔的发展前景。支持互联网平台企业发展数字文化产业，能够推动文化创意和数字技术的融合，发掘和传承本土文化，为数字内容的创作、传播和消费提供更广阔的空间。这将有助于文化产业的繁荣和创意经济的发展，推动文化创意产业与其他产业深度融合。

拓展智慧旅游应用

互联网平台企业借助数字技术和大数据分析的优势，可以拓展智慧旅游应用。通过整合旅游资源、提供个性化的旅游信息和服务，可以为旅游者提供更好的旅游体验。同时，智慧旅游应用也能够促进旅游业与文化、餐饮、交通等相关产业的深度融合，推动旅游业的可持续发展。

发挥中西部和东北地区自然禀赋优势

支持互联网平台企业的发展，能够为中西部和东北地区发挥其自然禀赋优势提供机会。例如，中西部地区拥有丰富的自然资源和独特的民族文化，通过数字化技术和互联网平台的支持，可以将这些优势转化为创新的产品和服务，推动地方经济的发展。类似地，东北地区具有工业基础和科技人才优势，通过发展数字文化产业和智慧旅游应用，能够为东北地区带来新的经济增长点。

创造就业创业机会和增加收入

互联网平台企业的发展对于就业创业和增加收入有积极的促进作用。数字文化产业和智慧旅游应用的发展可以为中西部和东北地区创造更多的就业机会，提供收入增长的机会。通过与传统产业的融合和升级，既能够保护传统产业的就业岗位，又能够创造新的就业和创业机会，提高劳动者的收入水平和就业质量。

第四节
加强数字经济东西部协作

通过数字协同，有助于推进东部、西部地区的产业互补。支持协作双方共建数字经济产业园区，能够推动产业向中西部、东北地区合理有序转移，从而实现东部和西部地区共同富裕。

产业互补

东部地区和西部地区在产业结构和发展水平上存在明

显的差异。东部地区经济发达,产业基础雄厚,而西部地区则具有丰富的自然资源和劳动力资源。通过数字协同,可以实现东部和西部地区产业之间的互补,使双方在合作中实现共赢。例如,东部地区的企业可以利用西部地区的自然资源和劳动力资源,实现产业转移和升级;而西部地区的企业则可以通过与东部地区的企业合作,引进先进的技术和管理经验,提高自身的竞争力。

共建数字经济产业园区

数字协同可以促进东部和西部地区在数字经济领域的合作,共同建设产业园区。通过共建数字经济产业园区,可以实现产业集聚效应,提高产业链的协同创新能力。例如,东部地区的企业可以与西部地区的高校和科研机构合作,共建数字经济产业园区,实现产业、技术和人才的深度融合,促进产业转型升级。

产业转移

数字协同有助于推动产业向中西部、东北地区合理有序转移。东部地区在产业转型升级过程中,可以将一些劳动密集型、资源消耗型产业向中西部和东北地区转移,实现产业的合理布局。同时,通过数字协同,可以实现产业转移过程中的信息共享、技术交流和人才流动,使产业转移更加高效、有序。

促进区域协调发展

数字协同有助于促进区域间的协调发展,缩小东部和西部地区之间的差距。通过数字技术的应用,可以提高中西部和东北地区的产业竞争力,实现区域间的产业互补和资源共享,从而实现共同富裕。例如,通过数字技术的应用,可以提高西部地区的农业生产效率和产品质量,实现农业产值的提升,促进地区经济的发展。

提高人民生活水平

数字协同有助于提高人民生活水平,实现东部和西部地区共同富裕。数字技术的应用可以提高中西部和东北地区的产业发展水平,从而提高人民的生活水平。同时,数字协同还可以促进地区间的文化交流和人才流动,提高人民的精神文明水平,从而实现共同富裕。

第二十章 数字乡村

在农业领域，数据要素可以帮助农村地区更好地管理和利用农业数据，提高农业生产效率和农民收入水平。通过对数据要素的分析，可以为农业领域提供精细化的决策支持，如准确预测气象、病虫害等农业灾害，提供精确的种植、施肥、浇水等指导，帮助农民科学决策和管理农田。这可以提高农产品产量和质量，提高农民的收入水平，实现数字乡村建设。

第一节
加快乡村产业数字化转型步伐

以数字化赋能乡村振兴，能够提高农业生产效率，促进农村产业升级，提升农村基础设施，促进农村人才回流，改善生态环境，促进农村社会治理现代化，从而使农村和城市一同实现共同富裕。

提高农业生产效率

数字化技术可以应用于农业生产过程中，如精准灌溉、智能施肥、病虫害预测等，从而提高农业生产效率，降低生产成本，实现农业的增产增收。

促进农村产业升级

数字化技术可以帮助农村发展新兴产业，如电子商务、乡村旅游、特色农产品等，提高农村产业的附加值和竞争力，促进农村产业升级，实现农村经济的可持续发展。

提升农村基础设施

数字化技术可以改善农村基础设施，如智能交通、远程医疗、在线教育等，提高农村居民的生活水平和幸福感，缩小城乡差距。

促进农村人才回流

随着数字化技术的发展，越来越多的农村青年可以通过网络远程学习、在线创业等方式实现自主创业和就业，促进农村人才回流，为农村经济发展提供人力支持。

改善农村生态环境

数字化技术可以应用于农村生态环境保护中，如智能监测、生态修复等，从而改善农村生态环境，实现农村绿色发展，促进农村和城市共同富裕。

促进农村社会治理现代化

数字化技术可以应用于农村社会治理中,如智能管理、大数据分析等,从而提高农村社会治理水平,实现农村社会和谐稳定,促进农村和城市共同富裕。

结合不同区域、不同规模的农业生产特点,将数据作为生产要素,大力发展智慧农业,能够提升农村居民收入,从而实现共同富裕。这将有助于提高农村地区的经济发展水平,促进缩小城乡差距,实现全体人民共同富裕。

提高农村居民收入

智慧农业的发展有助于提高农村居民收入。通过智慧农业技术,可以提高农业生产效率,降低生产成本,实现农业的增产增收。同时,智慧农业的发展还可以促进农村产业升级,提高农村产业的附加值和竞争力,从而提高农村居民收入,实现共同富裕。

农产品数据要素的流通,能够为偏远地区农产品拓宽销售渠道,增加偏远地区农村的收入。通过农产品数据要素的流通,可以为偏远地区农产品提供市场信息、实现精准推销、搭建电子商务平台、加强农产品品牌建设等,从而拓宽销售渠道;同时,农产品数据要素的流通也能提高农产品的附加值、扩大销售量、增加农村就业机会、优化农产品供应链等,增加农村收入,促进农村经济的发展。

农产品数据要素的流通能够为偏远地区农产品拓宽销售渠道

1. 提供市场信息

农产品数据要素的流通可以为偏远地区提供翔实的市场情报，包括消费者需求、市场价格、竞争情况等。通过了解市场需求，农产品生产者可以调整生产结构，提高农产品质量和产量，满足市场需求。

2. 实现精准推销

通过农产品数据要素的流通，可以对农产品进行精准定位和推销。根据消费者的需求和偏好，生产者可以根据市场的需求情况选择适宜的农产品类型和销售策略，从而提高农产品的销量和利润。

3. 搭建电子商务平台

农产品数据要素的流通可以促进偏远地区农产品的线上销售。通过搭建电子商务平台，农产品可以直接面向全国甚至全球的消费者进行销售，增加销售渠道，提高产品知名度和竞争力。

4. 加强农产品品牌建设

农产品数据要素的流通可以加强偏远地区农产品的品牌建设。通过传递农产品的品牌理念和故事，消费者可以更加真实地了解农产品的生产过程和价值，增加消费者对农产品的认可度和购买意愿。

农产品数据要素的流通能够增加偏远地区农村居民的收入

1. 提高农产品的附加值

通过农产品数据要素的流通，偏远地区的农产品可以获取更多的市场信息和需求，从而提高农产品的附加值。农产品的加工和深加工可以增加产品的附加值，提高农产品的利润空间。

2. 扩大农产品销售量

农产品数据要素的流通可以帮助偏远地区的农产品扩大销售渠道，进而增加农产品的销量。销量的增加可以带动农村生产的活跃度，增加农民的收入。

3. 增加农村就业机会

农产品数据要素的流通需要一系列的运营和管理人员，包括数据分析师、电子商务人员、市场营销人员等。这些职位的增加会促进农村就业机会的增加，带动地区经济的发展，提高农村居民的收入水平。

4. 优化农产品供应链

农产品数据要素的流通可以优化农产品供应链，减少农产品的损耗和损失。优化供应链可以减少中间环节挤占利润，使农产品的收益更多地回归到农民手中，从而增加偏远地区农村居民的收入。

将数据作为生产要素，借助互联网推进休闲农业、创意农业、森林康养等新业态发展，能够推动数字文化赋能乡村振兴。数据作为生产要素可以为乡村新业态的发展提供支持，包括提供市场情报、支持业态创新、提供技术支持、促进合作共赢等；同时，互联网的应用可以促进休闲农业、创意农业、森林康养等新业态的发展，提升乡村的文化传承能力，提供丰富多样的文化体验，拓宽文化交流的渠道，推动产业升级和乡村振兴。

数据作为生产要素为乡村新业态发展提供支持

1. 提供市场情报

数据可以为乡村新业态发展者提供翔实的市场情报，包括消费者需求、市场趋势、竞争情况等。通过了解市场需求，乡村新业态发展者可以更好地定位自己的产品和服务，优化产品结构，提高市场竞争力。

2. 支持业态创新

借助互联网和数据技术，乡村新业态发展者可以进行业态创新。数据分析可以帮助他们了解消费者的兴趣和需求，根据市场需求情况开展创新性的产品设计和营销策略。通过数字化技术的应用，乡村新业态可以更好地适应时代的变化，满足人们新的需求。

3. 提供技术支持

将数据作为生产要素，可以为乡村新业态发展提供技术支持，包括数据分析、人工智能、云计算等方面的技术。这些技术可以为乡村新业态的发展提供强力支持，提高生产效率和质量，降低成本和风险。

4. 促进合作共赢

数据作为生产要素可以促进乡村新业态之间的合作共赢。通过数据的共享和交流，不同业态可以互相借鉴和学习，提高整体的竞争力。同时，数据也可以促进乡村新业态与城市企业、科研机构等合作，促进资源共享和互利合作。

借助互联网推动数字文化赋能乡村振兴

1. 促进文化传承

借助互联网和数字化技术，乡村可以更好地传承和展现自己的文化。通过线上线下结合的方式，可以将乡村文化和传统技艺进行展示和推广，增加文化产业的增长点，提高乡村的吸引力。

2. 提供文化体验

通过数字化技术，休闲农业、创意农业、森林康养等新业态可以为人们提供丰富的文化体验。例如，通过虚拟现实技术，人们可以身临其境地体验乡村美景，了解乡村文化的同时享受自然和农耕的乐趣。同时，通过线上平台的建设，可以为乡村营造独特的文化氛围，吸引更多人参与其中。

3. 拓宽文化交流

互联网的普及和数字技术的发展使得文化交流变得更加便捷。借助互联网的力量，乡村与城市之间、不同地域之间的文化交流得以加强。乡村可以通过线上平台向城市展示自己的特色文化，吸引更多人来乡村旅游和体验。同时，乡村也可以借助互联网了解和学习其他地方的优秀文化，促进乡村文化的融合和发展。

4. 推动产业升级

数字化技术的应用可以促进休闲农业、创意农业、森林康养等乡村新业态的产业升级。通过数据分析和互联网推广，可以将农产品和农业服务与旅游、文化等产业相结合，拓宽产品的销售渠道，增加产业附加值，推动乡村产业的转型升级。

第二节
加大农村数字人才培养力度

加大农村数字人才培养力度，提升农民数字素养与技能，持续推进农民手机应用技能培训，开展智慧农业应用、直播电商等课程培训，让手机成为"新农具"，数据成为"新农资"，直播带货成为"新农活"，这一系列举措有助于提高农民收入，从而实现全社会的共同富裕。因此，我们应该加强对农村数字化转型的投入和政策支持，推动农村的数字化发展，为全社会的共同富裕贡献力量。

培养数字人才

数字人才培养与农民数字素养提升是农村数字化转型

的关键。农村的数字化转型需要人才的支持。通过培训和教育，农民可以掌握数字技术，了解数字经济的运行规律和规则，学会利用数字工具提高生产效率、增加收入。

手机成为"新农具"

手机成为"新农具"是实现农村数字化转型的重要手段。随着移动互联网的普及和智能手机的普及，手机已经成为农民生产生活中不可或缺的一部分。通过开展农民手机应用技能培训，可以让农民掌握使用智能手机实现生产生活、信息获取、交流沟通、电子商务等，从而更好地适应数字化时代的需求。

数据成为"新农资"

数据成为"新农资"有助于提高农业生产效率和市场竞争力。数据是农村数字化转型的重要资源。通过智慧农业应用、农业大数据分析等手段，可以实现对农业生产、销售、市场等方面的数据收集和分析，为农民提供更加精准的决策支持，提高农业生产效率和市场竞争力。同时，数据也可以成为农民的一种新的生产资料，为农民带来更多的收益。

直播带货成为"新农活"

直播带货成为"新农活"有助于拓宽销售渠道、增加农民收入。直播带货是数字经济时代的一种新型营销方式，通过直播平台，农民可以展示自己的产品，与消费者进行互动交流，提高产品的知名度和美誉度。开展智慧农业应用、直播电商等课程培训，可以让农民掌握直播带货的技巧和方法，拓宽销售渠道，增加农民收入。

数字化农村助力共同富裕

实现全社会的共同富裕需要农村的数字化转型。全社会的共同富裕需要城乡之间协调发展。农村的数字化转型不仅可以提高农民的收入和生活水平，也可以为城市提供更多的就业机会和消费市场。同时，农村的数字化转型也可以带动相关产业的发展，促进经济的转型升级和高质量发展。

强化数字化应用技能培训，保障广大农民共享数字红利，可以让农民收入更多，从而实现全社会的共同富裕。因此，我们应该加强对数字化应用技能培训的投入和政策支持，推动农村的数字化发展，为全社会的共同富裕贡献力量。同时，我们也需要关注数字化应用中可能带来的新问题，如数据安全、隐私保护、网络诈骗等问题，确保数字化应用的健康、可持续发展。

提高农业生产效率

数字化应用技能培训能够帮助农民掌握先进的农业技术和工具，如农业大数据分析、智能灌溉、智能施肥等，从而提高农业生产效率，降低成本，增加农民收入。

拓宽农产品销售渠道

数字化应用可以帮助农民通过网络平台销售农产品，打破地域限制，拓宽销售渠道，增加农产品的知名度和市场占有率，从而增加农民收入。

促进农村电商发展

数字化应用技能培训可以培养农民的电商意识和能力，推动农村电商的发展，为农民提供更多的就业机会和创业平台，增加农民收入来源。

提高农民生活质量

数字化应用可以让农民更加便捷地获取信息、交流沟通、学习新知识等，从而提高农民的生活质量，促进农村的文明进步。

促进城乡协调发展

保障广大农民共享数字红利，有助于缩小城乡差距，促进城乡协调发展。数字化应用可以为农村带来更多的发展机遇和可能性，为农民创造更多的就业机会和创业平台，从而推动农村经济社会的全面发展。

第三节
提升乡村数字治理水平

运用互联网等数字化手段，能够不断提升乡村治理效能和服务管理水平，促进多元联动治理。互联网提供了高效的信息获取和传递渠道，优化了决策支持和预警机制，提升了公共服务水平。数字化手段也促进了政府、社会组织、农民和企业之间的多元联动治理，推动乡村发展的智能化和可持续性。我们应该加强数字化治理的建设和推广，提升乡村治理的效率和质量，为乡村振兴注入新的活力和动力。

提高信息获取和传递效率

互联网等数字化手段可以提供高效的信息获取和传递渠道，从而加强乡村治理的信息化建设。政府机构、农民和社区居民可以通过网络获取政策信息、公共服务信息和社区动态，及时了解和参与乡村事务，使信息更加透明和公开。

优化决策支持和预警机制

数字化手段可以提供实时、精确的数据分析和决策支持，为乡村治理提供准确的信息、科学的建议和决策支持。通过数据分析，政府可以更好地掌握乡村发展的趋势和问题，及时制定相应的政策措施，提升治理决策的科学性和针对性。

提升公共服务水平

通过数字化手段，可以实现乡村公共服务的网络化和智能化。政府可以建立在线服务平台，提供便捷的公共服务，例如在线申请办事、在线预约服务、在线支付等，提高服务的便利性和效率。同时，通过数字化技术，可以开展远程医疗、远程教育等服务，弥补乡村地区的服务短板，提升公共服务水平。

推进多元联动治理

数字化手段能够促进政府、社会组织、农民和企业之间的多元联动治理。通过互联网和数字技术的应用，政府可以与农民、社区居民和其他相关方进行更加深入的沟通和合作，增强各方参与乡村治理的主体性和积极性。同时，数字化手段也可以促进农民和企业之间的合作，推动农村经济的发展和农民收入的增加。

促进乡村发展的智能化和可持续性

通过数字化手段，可以推进乡村发展的智能化和可持续性。例如，可以开展智慧农业和智慧乡村建设，应用物联网、大数据和人工智能技术，提高农业生产的智能化程度，降低资源消耗和环境污染，实现农业发展的可持续性。

通过有效使用农业数据，能够健全、完善农村信息服务体系，拓宽服务应用场景、丰富服务方式和服务内容。农业数据的有效使用可以提供准确的农业信息支持，拓宽农村信息服务应用场景，丰富农村信息服务方式和服务内容。同时，农业数据的应用也推动了农村信息产业的发展，为农民和农村经济的发展提供了新的机遇和动力。我们应该加强农业数据的采集、分析和应用，推动农村信息服务体系的建设与完善，为农民提供更好的信息服务，促进农村经济的发展和农民收入的增加。

提供准确的农业信息支持

农业数据的有效使用可以为农民提供准确的农业信息支持，包括农作物种植技术、病虫害防治知识、气象灾害预警等。通过农业数据的分析和应用，农民可以及时了解农业生产的相关信息，做出科学合理的决策，提高农业生产效益和农民收入。

拓宽农村信息服务应用场景

农业数据的应用拓宽了农村信息服务的应用场景。不仅可以提供农业生产方面的信息服务，还可以为农村教育、医疗、金融、精准扶贫等方面提供信息支持。通过数字化技术，农民可以通过手机、电脑等终端获取各种信息，实现线上线下的融合和互动。

丰富农村信息服务方式

农业数据的有效使用为农村信息服务提供了多样化的方式。传统的面对面服务得以延伸和拓展，通过电话、短信、移动应用程序、互联网平台等方式，可以为农民提供更便捷、高效的信息服务。同时，农村信息服务也可以通过直播、视频教学、在线培训等方式进行，提高信息传递的效率和覆盖面。

丰富农村信息服务内容

农业数据的应用丰富了农村信息服务的内容。除了提供基础的农业生产信息，还可以为农民提供市场行情、农业政策、市场营销等方面的信息服务。通过深度分析农业数据，可以为农民提供个性化的解决方案和专业的咨询服务，帮助农民更好地应对市场变化和生产管理。

推动农村信息产业发展

农业数据的有效使用推动了农村信息产业的发展。通过数字化技术，农村信息服务商和技术企业可以开展农产品电商、农业数据要素分析、农村电商服务平台建设等业务，推动农村电商和数字农业的发展，拓宽农村的经济增长点，增加农民收入来源。

深化乡村数字普惠服务，大力发展农村数字普惠金融，因地制宜打造惠农金融产品与服务，能够提高金融服务的广度和深度，解决农民的金融需求，降低农民融资成本，促进农村宜居和宜业发展，实现农村和城市一样的共同富裕。我们应该加强乡村数字普惠金融的建设和推广，提高农村金融服务的可获得性和可负担性，为农民提供更好的金融支持。

拓宽金融服务覆盖范围

通过深化乡村数字普惠服务和发展农村数字普惠金融，可以拓宽金融服务的覆盖范围，让更多农民能够享受到金融服务的便利。传统金融机构可能难以覆盖到偏远的农村地区，而数字普惠金融则能够通过互联网、移动支付等手段将金融服务无缝地传递到农民手中。这样就能提高金融包容性，让农民方便地获得财务管理、支付、借贷等金融服务。

解决农民金融需求

通过因地制宜打造惠农金融产品与服务，可以更好地满足农民的金融需求。农村经济与城市经济存在差异，农民在投资、融资、理财等方面的需求也具有特殊性。通过了解农村经济的特点和农民的需求，设计和提供专门针对农民的金融产品和服务，能够更好地满足农民的金融需求，促进农民收入的增加。

降低农民融资成本

农村数字普惠金融可以通过信息技术的应用，减少信息不对称和交易成本，降低农民融资的成本。例如，通过互联网和大数据技术，可以更加精准地评估农业风险，为农民提供更有针对性的融资服务，降低贷款利率和手续费用。这样，农民在经济活动中可以更加轻松地获得资金支持，促进农业生产和农村经济的发展。

促进农村宜居和宜业发展

通过发展农村数字普惠金融，可以为农村提供更多的金融支持，促进农村宜居和宜业发展。金融服务的发展可以帮助农民投资农业生产、发展农村产业、改善住房条件等，提高农村的综合发展水平，提高农民的生活质量和收入水平。

促进城乡共同富裕

发展农村数字普惠金融不仅有助于农村的发展，也能够促进城乡之间的共同富裕。城乡之间的贫富差距是实现全面小康社会的重要问题之一，通过数字普惠金融可以让农村享受到类似城市居民的金融服务和机会。这样，农村经济能够得到更好的发展，农民的收入水平和生活质量得以提升，从而实现城乡共同富裕的目标。

第二十一章 数字社会

数据要素还可以促进数字社会的发展,通过数据的收集、分析和应用,实现资源的优化配置和公共服务的提升。数据分析可以帮助政府更好地了解公众需求和社会问题,制定更有效的政策和措施。此外,数据要素还可以为企业提供更精准的市场营销和个性化的产品和服务,提高消费者的体验感和满意度。通过数字社会的发展,可以促进社会的全面进步和共同富裕。

第一节 促进优质数字教育资源共享

用好教育数据要素,能够面向欠发达地区开发内容丰富的数字教育资源,改善学校网络教学环境,实现所有学校数字校园全覆盖,促进优质教育资源跨区域、跨城乡共享。教育数据要素的应用可以丰富教育资源、改善网络教学环境、实现数字校园全覆盖,促进优质教育资源的共享,进而促进教育公平、提高教育质量。我们应该加强教育数据要素的应用研究和实践,推动数字教育的发展,为欠发达地区提供优质的教育资源和服务,推进教育的公平和全面发展。

丰富教育资源

教育数据要素的有效应用可以面向欠发达地区开发内容丰富的数字教育资源。欠发达地区的学校可能缺乏优质的教学资源，而通过教育数据要素的分析和应用，可以根据学生的学习特点和需求，提供个性化的教学内容和资源，丰富欠发达地区学校的教育资源，提高教育质量。

改善网络教学环境

教育数据要素的应用可以帮助欠发达地区改善学校的网络教学环境。充分利用教育数据要素的分析和应用，可以确定网络建设和设备投入的需求，优化网络布局和带宽配置。同时，通过教育数据要素的应用，可以提供在线教学平台和工具，方便教师和学生进行在线教学和学习，改善师生的网络教学环境。

实现数字校园全覆盖

教育数据要素的有效应用可以推动所有学校实现数字校园全覆盖。数字校园是指利用信息技术手段，将学校的管理和教育教学各个环节数字化和信息化。通过教育数据要素的应用，可以提供学校管理系统、在线教育平台、学生信息管理系统等数字化工具和资源，帮助学校实现高效、便捷的管理和教学。

促进优质教育资源共享

教育数据要素的应用可以促进优质教育资源跨区域、跨城乡共享。教育数据要素可以收集和分析各地学校的教育资源,包括教学内容、教学方法、教师水平等。通过教育数据要素的应用,可以在不同地区之间共享有限的优质教育资源,提高各地学校的教育水平和教学质量。

促进教育公平

教育数据要素的应用可以促进教育公平,减少教育资源的地理差异。通过教育数据要素的分析和应用,可以发现和解决教育资源配置不均衡的问题,为农村偏远地区提供公平的数字教育资源和机会。这有助于弥合城乡差距、优化教育结构,实现教育公平的目标。

用好教育数据要素,依托政务数据共享交换平台,加强部门间数据共享交换,可以提高家庭经济困难学生认定精准度和异地申请便利性。这有助于更好地服务家庭经济困难学生,帮助他们更好地完成学业,同时也能够提高教育服务的针对性和有效性,促进教育的公平和全面发展。因此,我们应该加强教育数据要素的应用和研究,推动教育的数字化转型和发展。

教育数据要素赋能教育服务精准化供给

数据要素能够为教育服务提供更加精准化的供给。通过对学生的学籍、家庭背景、经济状况、学习成绩等多方面数据进行综合分析,可以更加准确地了解学生的需求和特点,从而提供更加符合学生实际需求的教育服务。同时,数据要素还可以帮助学校和教师更好地了解学生的学习情况和进展,及时调整教学策略和方法,提高教育服务的针对性和有效性。

依托政务数据共享交换平台,加强部门间数据共享交换

依托政务数据共享交换平台,可以实现各部门之间的数据共享和交换,为教育服务的精准化供给提供有力支撑。通过共享交换平台,可以打通各部门之间的数据壁垒,实现数据的互通互联,从而为学校和教师提供更加全面和准确的数据支持。同时,也可以加强对家庭经济困难学生的认定和异地申请的便利性。

提高家庭经济困难学生认定精准度和异地申请便利性

利用教育数据要素,可以更加精准地认定家庭经济困难学生。通过对学生的家庭收入、支出、住房、交通等多方面数据进行综合分析,可以更加准确地了解学生的家庭经济状况,从而更加精准地认定家庭经济困难学生。这样可以避免一些不必要的资源浪费和偏差,同时也可以为这些学生提供更加及时和有效的资助和服务。此外,利用教育数据要素还可以提高异地申请的便利性。在家庭经济困难学生的认定过

程中，异地申请可能会面临一些困难和障碍。利用教育数据要素，可以提供更加便捷和高效的数据共享和交换机制，方便学生在异地申请过程中获取相关数据和信息，提高申请的效率和成功率。

第二节
强化远程医疗供给服务能力

用好医疗数据要素，深入推进智慧医联体平台建设，能够为医疗卫生机构提供精准的医疗服务支持，优化医疗资源配置，改善基层医疗卫生机构的服务能力。医疗数据要素的应用也可以强化健康管理和预防保健，促进医学研究和科学发展。我们应该加强医疗数据要素的管理和应用，推动医疗卫生事业的数字化转型和发展，为人民群众提供更好的医疗服务和健康保障。

提供精准的医疗服务支持

医疗数据要素的有效应用可以为医疗卫生机构提供精准的服务支持。通过对临床数据、病案资料、基因组信息等数据要素的分析，医疗机构可以更准确地诊断和治疗疾病，为患者提供个性化的医疗服务。此外，医疗数据要素还可以为医生提供实时的医学资料和疾病诊疗指南等信息，提高他们的临床决策水平，提高医疗服务的质量和效率。

促进医疗资源优化配置

医疗数据要素的应用可以促进医疗资源的优化配置。通过对医疗数据要素的分析，可以了解不同地区和医疗机构的医疗需求和资源分布情况，评估医疗资源的利用效率和匹配度，进而调整和优化医疗资源的配置方案。这有助于缓解医疗资源紧张和分散问题，使得优质的医疗资源合理集中，为公众提供更好的医疗服务。

提高基层医疗卫生机构服务能力

医疗数据要素的应用可以提高基层医疗卫生机构的服务能力。通过建立智慧医联体平台，实现基层医疗机构之间的数据共享和协同，可以提升基层医疗卫生机构的医疗技术水平和服务质量。基层医生可以借助医疗数据要素平台，获取专业知识、参与远程会诊、开展远程医疗等，提升诊断和治疗能力，改善患者的就医体验。

强化健康管理和预防保健

医疗数据要素的应用可以加强患者的健康管理和预防保健。通过持续收集和分析患者的健康数据和生活习惯，医疗机构可以为患者提供个性化的健康管理方案和预防保健建议。这有助于预防和提前发现疾病风险，减少患者的医疗负担和康复时间。

促进医学研究和科学发展

医疗数据要素的应用可以促进医学研究和科学发展。通过对大量的医疗数据进行分析，可以发现疾病的规律和趋势，探索新的治疗方法和药物，推动医学科学的发展。同时，医疗数据要素的应用也可以为医学研究提供更加全面和准确的数据支持，加快科学研究的进程。

人口信息、电子病历、电子健康档案和公共卫生信息数据要素的互联互通共享，能够将医疗服务向患者身边延伸，提升医疗服务的可及性和便捷性。通过打破信息孤岛、加强医患沟通、优化卫生监测、促进健康管理和预防保健，可以实现更高效、更全面的医疗服务，提高患者的医疗体验感和满意度。在推动数据要素互联互通共享的同时，也需要加强相关的隐私保护和数据安全措施，确保个人信息和医疗数据的安全性和私密性。

打破信息孤岛，提高医疗服务可及性

通过人口信息、电子病历、电子健康档案和公共卫生信息的数据要素互联互通共享，可以打破不同机构和系统间的信息孤岛，实现医疗信息的流通和共享。这意味着患者的医疗数据可以跨机构、跨地域共享，患者可以在任何一个医疗机构得到连续的医疗服务。这将提高患者就医的便利程度和医疗服务的可及性，尤其对于患者来说，能够方便地享受到全国范围内的医疗资源和高质量的医疗服务。

加强医患沟通，提升医疗服务便捷性

数据要素互联互通共享可以加强医患之间的沟通，提升医疗服务的便捷性。通过共享电子病历和电子健康档案，医生可以更全面地了解患者的病史、就诊记录和健康信息，从而为患者提供更精准的医疗诊疗服务。同时，患者也能够方便地获取自己的健康信息和医疗记录，并与医生进行有效的沟通和交流，提高就诊效率和医疗质量。

优化卫生监测和公共卫生管理

通过人口信息、电子病历和公共卫生信息的数据要素互联互通共享，可以为卫生监测和公共卫生管理提供更加全面和准确的数据支持。例如，可以通过疫情数据的分析和预测，实现早期发现和预警，提高公共卫生事件的处置效率，降低传染病的发生和传播风险。此外，数据要素的分析还能够为公共卫生策略和干预措施的制定提供科学依据，优化卫生资源的配置和利用效率。

促进健康管理和预防保健

通过电子健康档案和电子病历的数据要素互联互通共享，可以实现对患者健康管理和预防保健的精准化服务。通过持续监测和分析患者的健康数据和行为习惯，可以提前预

警和干预潜在的健康风险，引导个体实施健康预防和健康管理措施，提高个体和整体的健康水平。

第三节
提升养老服务信息化水平

各地加快建设面向社会公众的养老服务综合信息平台，并通过配备助行、助餐、助穿、如厕、助浴、感知类老年人用品，采集各种老年人活动数据，能够实现养老服务便捷可及、供需精准对接，满足社交、康养、生活服务等多层次、多样化养老服务的目标。这些举措将为老年人提供更便捷、高质量的养老服务，提升他们的生活质量和幸福感。同时，也需要加强对数据隐私和安全的保护，确保老年人的个人信息和权益得到有效保障。

提升养老服务的便捷性和可及性

建设面向社会公众的养老服务综合信息平台可以将各类养老服务资源整合集中，提供一站式的养老服务查询和预约。通过平台，老年人和家属可以查找和比较不同服务机构的服务项目、价格、评价等信息，便捷地选择适合的养老服务。通过配备助行、助餐、助穿、如厕、助浴、感知类老年人用品，可以满足老年人在生活中的日常需求，提供个性化、定制化的辅助服务，使其能够便捷、舒适地享受各项养老服务。

供需精准对接，提高服务质量

通过养老服务综合信息平台的使用，可以将养老服务提供方和需求方进行精准对接。服务提供方可以根据需求方的需求，提供符合其需求和偏好的养老服务，提高服务的精准性和质量。同时，平台可以采集老年人活动数据，如社交、康养、生活需求等数据，从而更好地了解老年人的需求和偏好，为其提供更加个性化和贴心的服务。

满足多层次、多样化养老服务需求

通过养老服务综合信息平台的搭建和发展，可以整合和提供多层次、多样化的养老服务。老年人可以根据自身需求选择社交、康养、生活服务等多种类型的养老服务。平台可以提供社交活动、养生保健、康体健身等各类服务，满足老年人对于不同层次、各类养老服务的需求。

第四节
完善数字化社会保障服务

依托全国一体化政务服务平台开展跨地区、跨部门、跨层级数据共享应用，并完善社会保障数据要素应用，可以实现社保"跨省通办"。通过数据共享和应用的方式，可以实现社保信息的无缝对接和共享，为参保人员提供便利的社保服务。这有助于促进就业流动、提高社保效率和加强社保管理，推动社会保障制度的公平和有效运行。因此，加快全国一体化政务服务平台建设及社会保障数据要素应用的发展具有重要的意义和前景。

数据共享和应用关键性

1. 跨地区数据共享

社保跨省通办需要实现不同地区之间的数据互通共享。通过全国一体化政务服务平台，不同地区的社保和相关部门可以共享数据资源，如个人社保记录、就业信息、人口数据等，实现社保信息的无缝对接。

2. 跨部门数据共享

社保涉及多个部门的数据，如人社、就业、公安等部门。通过数据共享，可以将这些部门的数据整合使用，为公众提供更全面和准确的社保服务。例如，通过与就业部门的数据共享，可以及时更新失业人员的社保信息，确保社保待遇的及时发放。

3. 跨层级数据共享

社保数据涉及中央和地方两个层级。全国一体化政务服务平台的建设可以打破层级壁垒，实现中央和地方社保数据的共享和应用。这样可以确保社保信息的及时性和准确性，为公众提供高效和便捷的社保服务。

社保"跨省通办"的好处

1. 便利参保人员

跨省通办可以让参保人员在异地就业和居住时享受到更加便利的社保服务。无论在哪个省份参保，在完成跨省注册后，可以在全国范围内享受相同的社保待遇和服务，免去了办理跨地区社保转移手续的烦琐，提高参保人员的权益保障和便利程度。

2. 促进就业流动

通过跨省通办，能够促进人才和劳动力的流动。参保人员可以更加自由地在不同省份工作和生活，不再受社保待遇和服务的限制。这有助于优化人力资源配置，提高各地区就业市场的活力和竞争力。

3. 提高社保办理效率

跨省通办可以减少参保人员办理社保转移等手续的时间和成本，提高社保办理的效率。参保人员只需在目标省份完成跨省注册，社保信息就能够在全国范围内共享和使用，避免了重复提交和核验信息的环节，简化了手续办理流程。

4. 加强对社保的管理和监督

社保跨省通办的实施可以加强对社保的管理和监督。通过全国一体化政务服务平台，能够及时掌握和分析全国范围内的社保数据，实施统一的监管和评估。这有助于发现和解决社保管理中的问题，保障社保制度的公平和有效运行。

附录 "数据要素×"三年行动计划（2024—2026年）

总体目标
- 典型应用场景 300 个以上
- 形成数据产业生态

保障措施
- 提升数据供给水平
- 优化数据流通环境
- 加强数据安全保障

数据要素×

重点行动

工业制造	现代农业	商贸流通	交通运输
金融服务	科技创新	文化旅游	医疗健康
应急管理	气象服务	城市治理	绿色低碳

发挥数据要素的放大、叠加、倍增作用，构建以数据为关键要素的数字经济，是推动高质量发展的必然要求。为深入贯彻党的二十大和中央经济工作会议精神，落实《中共中央 国务院关于构建数据基础制度更好发挥数据要素作用的意见》，充分发挥数据要素乘数效应，赋能经济社会发展，特制定本行动计划。

一、激活数据要素潜能

随着新一轮科技革命和产业变革深入发展，数据作为关键生产要素的价值日益凸显。发挥数据要素报酬递增、低成本复用等特点，可优化资源配置，赋能实体经济，发展新质生产力，推动生产生活、经济发展和社会治理方式深刻变革，对推动高质量发展具有重要意义。

近年来，我国数字经济快速发展，数字基础设施规模能级大幅跃升，数字技术和产业体系日臻成熟，为更好发挥数据要素作用奠定了坚实基础。与此同时，也存在数据供给质量不高、流通机制不畅、应用潜力释放不够等问题。实施"数据要素×"行动，就是要发挥我国超大规模市场、海量数据资源、丰富应用场景等多重优势，推动数据要素与劳动力、资本等要素协同，以数据流引领技术流、资金流、人才流、物资流，突破传统资源要素约束，提高全要素生产率；促进数据多场景应用、多主体复用，培育基于数据要素的新产品和新服务，实现知识扩散、价值倍增，开辟经济增长新空间；加快多元数据融合，以数据规模扩张和数据类型丰富，促进生产工具创新升级，催生新产业、新模式，培育经济发展新动能。

二、总体要求

指导思想

以习近平新时代中国特色社会主义思想为指导，深入贯彻落实党的二十大精神，完整、准确、全面贯彻新发展理念，发挥数据的基础资源作用和创新引擎作用，遵循数字经济发展规律，以推动数据要素高水平应用为主线，以推进数据要素协同优化、复用增效、融合创新作用发挥为重点，强化场景需求牵引，带动数据要素高质量供给、合规高效流通，培育新产业、新模式、新动能，充分实现数据要素价值，为推动高质量发展、推进中国式现代化提供有力支撑。

基本原则

需求牵引，注重实效。聚焦重点行业和领域，挖掘典型数据要素应用场景，培育数据商，繁荣数据产业生态，激励各类主体积极参与数据要素开发利用。

试点先行，重点突破。加强试点工作，探索多样化、可持续的数据要素价值释放路径。推动在数据资源丰富、带动性强、前景广阔的领域率先突破，发挥引领作用。

有效市场，有为政府。充分发挥市场机制作用，强化企业主体地位，推动数据资源有效配置。更好发挥政府作用，扩大公共数据资源供给，维护公平正义，营造良好发展环境。

开放融合，安全有序。推动数字经济领域高水平对外开放，加强国际交流互鉴，促进数据有序跨境流动。坚持把安全贯穿数据要素价值创造和实现全过程，严守数据安全底线。

总体目标

到 2026 年底，数据要素应用广度和深度大幅拓展，在经济发展领域数据要素乘数效应得到显现，打造 300 个以上示范性强、显示度高、带动性广的典型应用场景，涌现出一批成效明显的数据要素应用示范地区，培育一批创新能力强、成长性好的数据商和第三方专业服务机构，形成相对完善的数据产业生态，数据产品和服务质量效益明显提升，数据产业年均增速超过 20%，场内交易与场外交易协调发展，数据交易规模倍增，推动数据要素价值创造的新业态成为经济增长新动力，数据赋能经济提质增效作用更加凸显，成为高质量发展的重要驱动力量。

三、重点行动

数据要素 × 工业制造

创新研发模式，支持工业制造类企业融合设计、仿真、实验验证数据，培育数据驱动型产品研发新模式，提升企业创新能力。推动协同制造，推进产品主数据标准生态系统建设，支持链主企业打通供应链上下游设计、计划、质量、物流等数据，实现敏捷柔性协同制造。提升服务能力，支持企业整合设计、生产、运行数据，提升预测性维护和增值服务等能力，实现价值链延伸。强化区域联动，支持产能、采购、库存、物流数据流通，加强区域间制造资源协同，促进区域产业优势互补，提升产业链、供应链监测预警能力。开发使能技术，推动制造业数据多场景复用，支持制造业企业联合软件企业，基于设计、仿真、实验、生产、运行等数据积极探索多维度的创新应用，开发创成式设计、虚实融合试验、智能无人装备等方面的新型工业软件和装备。

数据要素 × 现代农业

提升农业生产数智化水平，支持农业生产经营主体和相关服务企业融合利用遥感、气象、土壤、农事作业、灾害、农作物病虫害、动物疫病、市场等数据，加快打造以数据和模型为支撑的农业生产数智化场景，实现精准种植、精准养殖、精准捕捞等智慧农业作业方式，支撑提高粮食和重要农产品生产效率。提高农产品追溯管理能力，支持第三方主体汇聚利用农产品的产地、生产、加工、质检等数据，支撑农产品追溯管理、精准营销等，增强消费者信任。推进产业链数据融通创新，支持第三方主体面向农业生产经营主体提供智慧种养、智慧捕捞、产销对接、疫病防治、行情信息、跨区作业等服务，打通生产、销售、加工等数据，提供一站式采购、供应链金融等服务。培育以需定产新模式，支持农业与商贸流通数据融合分析应用，鼓励电商平台、农产品批发市场、商超、物流企业等基于销售数据分析，向农产品生产端、加工端、消费端反馈农产品信息，提升农产品供需匹配能力。提升农业生产抗风险能力，支持在粮食、生猪、果蔬等领域，强化产能、运输、加工、贸易、消费等数据融合、分析、发布、应用，加强农业监测预警，为应对自然灾害、疫病传播、价格波动等影响提供支撑。

数据要素 × 商贸流通

拓展新消费，鼓励电商平台与各类商贸经营主体、相关服务企业深度融合，依托客流、消费行为、交通状况、人文特征等市场环境数据，打造集数据收集、分析、决策、精准推送和动态反馈的闭环消费生态，推进直播电商、即时电商等业态创新发展，支持各类商圈创新应用场景，培育数字生活消费方式。培育新业态，支持电子商务企业、国家电子商务示范基地、传统商贸流通企业加强数据融合，整合订单需求、物流、产能、供应链等数据，优化配置产业链资源，打造快速响应市场的产业协同创新生态。打造新品牌，支持电子商务企业、商贸企业依托订单数量、订单类型、人口分布等数据，主动对接生产企业、产业集群，加强产销对接、精准推送，助力打造特色品牌。推进国际化，在安全合规前提下，鼓励电子商务企业、现代流通企业、数字贸易龙头企业融合交易、物流、支付数据，支撑提升供应链综合服务、跨境身份认证、全球供应链融资等能力。

数据要素 × 交通运输

提升多式联运效能，推进货运寄递数据、运单数据、结算数据、保险数据、货运跟踪数据等共享互认，实现托运人一次委托、费用一次结算、货物一次保险、多式联运经营人全程负责。推进航运贸易便利化，推动航运贸易数据与电子发票核验、经营主体身份核验、报关报检状态数据等的可信融合应用，加快推广电子提单、信用证、电子放货等业务应用。提升航运服务能力，支持海洋地理空间、卫星遥感、定位导航、气象等数据与船舶航行位置、水域、航速、装卸作业数据融合，创新商渔船防碰撞、航运路线规划、港口智慧安检等应用。挖掘数据复用价值，融合"两客一危"、网络货运等重点车辆数据，构建覆盖车辆营运行为、事故统计等高质量动态数据集，为差异化信贷、保险服务、二手车消费等提供数据支撑。支持交通运输龙头企业推进高质量数据集建设和复用，加强人工智能工具应用，助力企业提升运输效率。推进智能网联汽车创新发展，支持自动驾驶汽车在特定区域、特定时段进行商业化试运营试点，打通车企、第三方平台、运输企业等主体间的数据壁垒，促进道路基础设施数据、交通流量数据、驾驶行为数据等多源数据融合应用，提高智能汽车创新服务、主动安全防控等水平。

数据要素 × 金融服务

提升金融服务水平，支持金融机构融合利用科技、环保、工商、税务、气象、消费、医疗、社保、农业农村、水电气等数据，加强主体识别，依法合规优化信贷业务管理和保险产品设计及承保理赔服务，提升实体经济金融服务水平。提高金融抗风险能力，推进数字金融发展，在依法安全合规前提下，推动金融信用数据和公共信用数据、商业信用数据共享共用和高效流通，支持金融机构间共享风控类数据，融合分析金融市场、信贷资产、风险核查等多维数据，发挥金融科技和数据要素的驱动作用，支撑提升金融机构反欺诈、反洗钱能力，提高风险预警和防范水平。

数据要素 × 科技创新

推动科学数据有序开放共享，促进重大科技基础设施、科技重大项目等产生的各类科学数据互联互通，支持和培育具有国际影响力的科学数据库建设，依托国家科学数据中心等平台强化高质量科学数据资源建设和场景应用。以科学数据助力前沿研究，面向基础学科，提供高质量科学数据资源与知识服务，驱动科学创新发现。以科学数据支撑技术创新，聚焦生物育种、新材料创制、药物研发等领域，以数智融合加速技术创新和产业升级。以科学数据支持大模型开发，深入挖掘各类科学数据和科技文献，通过细粒度知识抽取和多来源知识融合，构建科学知识资源底座，建设高质量语料库和基础科学数据集，支持开展人工智能大模型开发和训练。探索科研新范式，充分依托各类数据库与知识库，推进跨学科、跨领域协同创新，以数据驱动发现新规律、创造新知识，加速科学研究范式变革。

附录
"数据要素 × "三年行动计划（2024—2026 年）

数据要素 × 文化旅游

培育文化创意新产品，推动文物、古籍、美术、戏曲剧种、非物质文化遗产、民族民间文艺等数据资源依法开放共享和交易流通，支持文化创意、旅游、展览等领域的经营主体加强数据开发利用，培育具有中国文化特色的产品和品牌。挖掘文化数据价值，贯通各类文化机构数据中心，关联形成中华文化数据库，鼓励依托市场化机制开发文化大模型。提升文物保护利用水平，促进文物病害数据、保护修复数据、安全监管数据、文物流通数据融合共享，支持实现文物保护修复、监测预警、精准管理、应急处置、阐释传播等功能。提升旅游服务水平，支持旅游经营主体共享气象、交通等数据，在合法合规前提下构建客群画像、城市画像等，优化旅游配套服务、一站式出行服务。提升旅游治理能力，支持文化和旅游场所共享公安、交通、气象、证照等数据，支撑"免证"购票、集聚人群监测预警、应急救援等。

数据要素 × 医疗健康

提升群众就医便捷度，探索推进电子病历数据共享，在医疗机构间推广检查检验结果数据标准统一和共享互认。便捷医疗理赔结算，支持医疗机构基于信用数据开展先诊疗后付费就医。推动医保便民服务。依法依规探索推进医保与商业健康保险数据融合应用，提升保险服务水平，促进基本医保与商业健康保险协同发展。有序释放健康医疗数据价值，完善个人健康数据档案，融合体检、就诊、疾控等数据，创新基于数据驱动的职业病监测、公共卫生事件预警等公共服务模式。加强医疗数据融合创新，支持公立医疗机构在合法合规前提下向金融、养老等经营主体共享数据，支撑商业保险产品、疗养休养等服务产品精准设计，拓展智慧医疗、智能健康管理等数据应用新模式新业态。提升中医药发展水平，加强中医药预防、治疗、康复等健康服务全流程的多源数据融合，支撑开展中医药疗效、药物相互作用、适应证、安全性等系统分析，推进中医药高质量发展。

数据要素 × 应急管理

提升安全生产监管能力，探索利用电力、通信、遥感、消防等数据，实现对高危行业企业私挖盗采、明停暗开行为的精准监管和城市火灾的智能监测。鼓励社会保险企业围绕矿山、危险化学品等高危行业，研究建立安全生产责任保险评估模型，开发新险种，提高风险评估的精准性和科学性。提升自然灾害监测评估能力，利用铁塔、电力、气象等公共数据，研发自然灾害灾情监测评估模型，强化灾害风险精准预警研判能力。强化地震活动、地壳形变、地下流体等监测数据的融合分析，提升地震预测预警水平。提升应急协调共享能力，推动灾害事故、物资装备、特种作业人员、安全生产经营许可等数据跨区域共享共用，提高监管执法和救援处置协同联动效率。

数据要素 × 气象服务

降低极端天气气候事件影响，支持经济社会、生态环境、自然资源、农业农村等数据与气象数据融合应用，实现集气候变化风险识别、风险评估、风险预警、风险转移的智能决策新模式，防范化解重点行业和产业气候风险。支持气象数据与城市规划、重大工程等建设数据深度融合，从源头防范和减轻极端天气和不利气象条件对规划和工程的影响。创新气象数据产品服务，支持金融企业融合应用气象数据，发展天气指数保险、天气衍生品和气候投融资新产品，为保险、期货等提供支撑。支持新能源企业降本增效，支持风能、太阳能企业融合应用气象数据，优化选址布局、设备运维、能源调度等。

数据要素 × 城市治理

优化城市管理方式，推动城市人、地、事、物、情、组织等多维度数据融通，支撑公共卫生、交通管理、公共安全、生态环境、基层治理、体育赛事等各领域场景应用，实现态势实时感知、风险智能研判、及时协同处置。支撑城市发展科学决策，支持利用城市时空基础、资源调查、规划管控、工程建设项目、物联网感知等数据，助力城市规划、建设、管理、服务等策略精细化、智能化。推进公共服务普惠化，深化公共数据的共享应用，深入推动就业、社保、健康、卫生、医疗、救助、养老、助残、托育等服务"指尖办""网上办""就近办"。加强区域协同治理，推动城市群数据打通和业务协同，实现经营主体注册登记、异地就医结算、养老保险互转等服务事项跨城通办。

数据要素 × 绿色低碳

提升生态环境治理精细化水平，推进气象、水利、交通、电力等数据融合应用，支撑气象和水文耦合预报、受灾分析、河湖岸线监测、突发水事件应急处置、重污染天气应对、城市水环境精细化管理等。加强生态环境公共数据融合创新，支持企业融合应用自有数据、生态环境公共数据等，优化环境风险评估，支撑环境污染责任保险设计和绿色信贷服务。提升能源利用效率，促进制造与能源数据融合创新，推动能源企业与高耗能企业打通订单、排产、用电等数据，支持能耗预测、多能互补、梯度定价等应用。提升废弃资源利用效率，汇聚固体废物收集、转移、利用、处置等各环节数据，促进产废、运输、资源化利用高效衔接，推动固废、危废资源化利用。提升碳排放管理水平，支持打通关键产品全生产周期的物料、辅料、能源等碳排放数据以及行业碳足迹数据，开展产品碳足迹测算与评价，引导企业节能降碳。

四、强化保障支撑

提升数据供给水平

完善数据资源体系，在科研、文化、交通运输等领域，推动科研机构、龙头企业等开展行业共性数据资源库建设，打造高质量人工智能大模型训练数据集。加大公共数据资源供给，在重点领域、相关区域组织开展公共数据授权运营，探索部省协同的公共数据授权机制。引导企业开放数据，鼓励市场力量挖掘商业数据价值，支持社会数据融合创新应用。健全标准体系，加强数据采集、管理等标准建设，协同推进行业标准制定。加强供给激励，制定完善数据内容采集、加工、流通、应用等不同环节相关主体的权益保护规则，在保护个人隐私前提下促进个人信息合理利用。

优化数据流通环境

提高交易流通效率，支持行业内企业联合制定数据流通规则、标准，聚焦业务需求促进数据合规流通，提高多主体间数据应用效率。鼓励交易场所强化合规管理，创新服务模式，打造服务生态，提升服务质量。打造安全可信流通环境，深化数据空间、隐私计算、联邦学习、区块链、数据沙箱等技术应用，探索建设重点行业和领域数据流通平台，增强数据利用可信、可控、可计量能力，促进数据合规高效流通使用。培育流通服务主体，鼓励地方政府因地制宜，通过新建或拓展既有园区功能等方式，建设数据特色园区、虚拟园区，推动数据商、第三方专业服务机构等协同发展。完善培育数据商的支持举措。促进数据有序跨境流动，对标国际高标准经贸规则，持续优化数据跨境流动监管措施，支持自由贸易试验区开展探索。

加强数据安全保障

落实数据安全法规制度，完善数据分类分级保护制度，落实网络安全等级保护、关键信息基础设施安全保护等制度，加强个人信息保护，提升数据安全保障水平。丰富数据安全产品，发展面向重点行业、重点领域的精细化、专业型数据安全产品，开发适合中小企业的解决方案和工具包，支持发展定制化、轻便化的个人数据安全防护产品。培育数据安全服务，鼓励数据安全企业开展基于云端的安全服务，有效提升数据安全水平。

五、做好组织实施

加强组织领导

发挥数字经济发展部际联席会议制度作用，强化重点工作跟踪和任务落实，协调推进跨部门协作。行业主管部门要聚焦重点行业数据开发利用需求，细化落实行动计划的举措。地方数据管理部门要会同相关部门研究制定落实方案，因地制宜形成符合实际的数据要素应用实践，带动培育一批数据商和第三方专业服务机构，营造良好生态。

开展试点工作

支持部门、地方协同开展政策性试点，聚焦重点行业和领域，结合场景需求，研究数据资源持有权、数据加工使用权、数据产品经营权等分置的落地举措，探索数据流通交易模式。鼓励各地方大胆探索、先行先试，加强模式创新，及时总结可复制推广的实践经验。推动企业按照国家统一的会计制度对数据资源进行会计处理。

推动以赛促用

组织开展"数据要素×"大赛，聚焦重点行业和领域搭建专业竞赛平台，加强数据资源供给，激励社会各界共同挖掘市场需求，提升数据利用水平。支持各类企业参与赛事，加强大赛成果转化，孵化新技术、新产品，培育新模式、新业态，完善数据要素生态。

加强资金支持

实施"数据要素×"试点工程，统筹利用中央预算内投资和其他各类资金加大支持力度。鼓励金融机构按照市场化原则加大信贷支持力度，优化金融服务。依法合规探索多元化投融资模式，发挥相关引导基金、产业基金作用，引导和鼓励各类社会资本投向数据产业。支持数据商上市融资。

加强宣传推广

开展数据要素应用典型案例评选，遴选一批典型应用。依托数字中国建设峰会及各类数据要素相关会议、论坛和活动等，积极发布典型案例，促进经验分享和交流合作。各地方数据管理部门要深入挖掘数据要素应用好经验、好做法，充分利用各类新闻媒体，加大宣传力度，提升影响力。